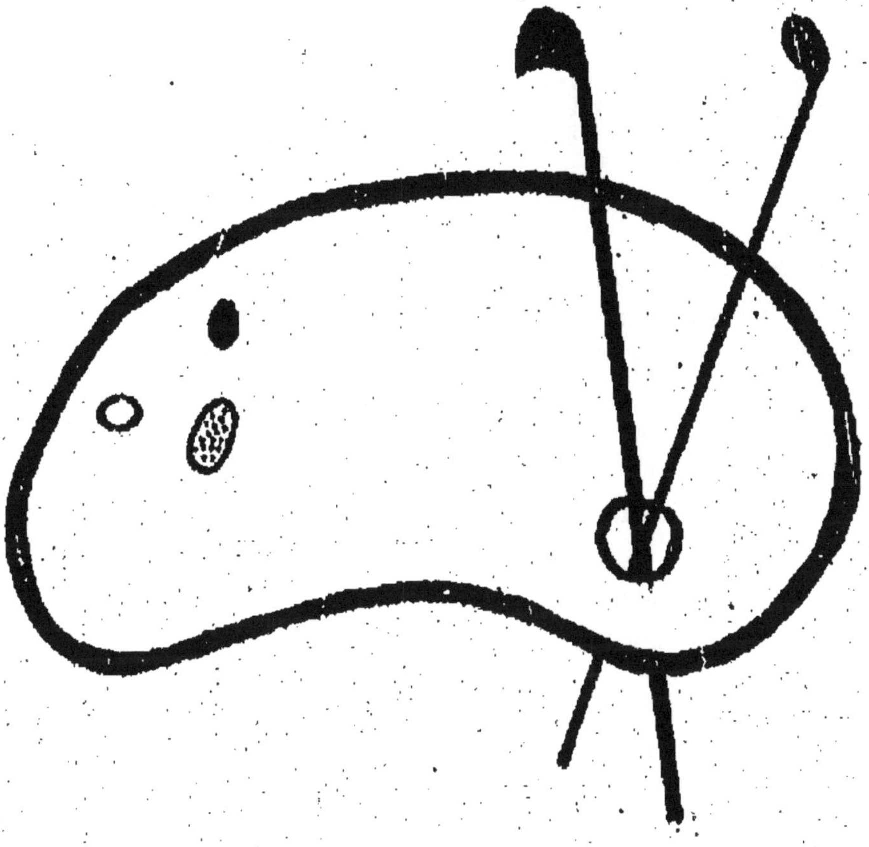

DEBUT D'UNE SERIE DE DOCUMENTS
EN COULEUR

PREUVE PAR TITRE

DU

DROIT DE PROPRIÉTÉ IMMOBILIÈRE

THÈSE POUR LE DOCTORAT

L'ACTE PUBLIC SUR LES MATIÈRES CI-DESSUS

Sera soutenu le mardi 24 mars, à 2 heure 1/2

PAR

Emmanuel LÉVY

Avocat à la Cour d'appel

Lauréat de la Faculté de droit de Paris (Prix et Mentions) et du

Concours général des Facultés de droit (Prix 1892)

Président : M. MASSIGLI, *professeur.*
Suffragants : M. LÉON MICHEL, *professeur,*
M. CHÉNON, *agrégé.*

PARIS

A. PEDONE, ÉDITEUR

LIBRAIRE DE LA COUR D'APPEL ET DE L'ORDRE DES AVOCATS

13, rue Soufflot, 13

1896

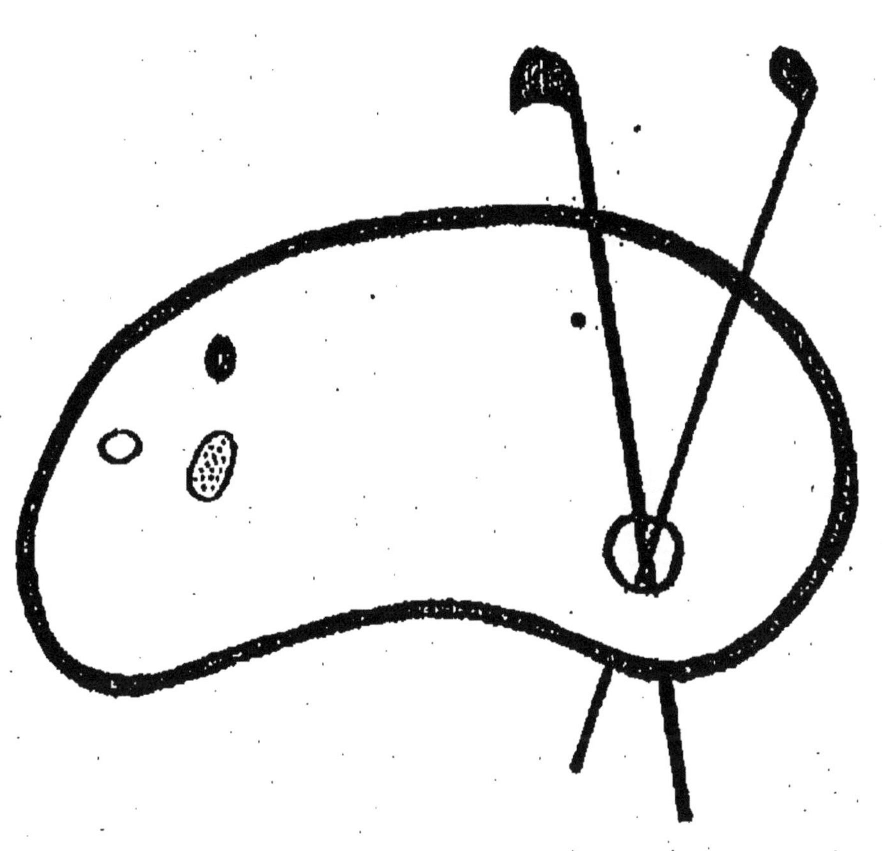

FIN, D'UNE SERIE DE DOCUMENTS
EN COULEUR

THÈSE

POUR

LE DOCTORAT

PREUVE PAR TITRE

DU

DROIT DE PROPRIÉTÉ IMMOBILIÈRE

THÈSE POUR LE DOCTORAT

L'ACTE PUBLIC SUR LES MATIÈRES CI-DESSUS

Sera soutenu le mardi 24 mars, à 2 heure 1/2

PAR

Emmanuel LÉVY

Avocat à la Cour d'appel
Lauréat de la Faculté de droit de Paris (Prix et Mentions) et du
Concours général des Facultés de droit (Prix 1892)

Président : M. MASSIGLI, *professeur*.
Suffragants : M. LÉON MICHEL, *professeur*.
M. CHÉNON, *agrégé*.

PARIS

A. PEDONE, ÉDITEUR

LIBRAIRE DE LA COUR D'APPEL ET DE L'ORDRE DES AVOCATS

13, rue Soufflot, 13

1896

PRÉFACE

Peut-on prouver par titre ou possession son droit à la propriété d'un immeuble ? Beaucoup d'arrêts quant au titre, d'innombrables quant à la possession disent : oui. La doctrine dit : non.

Pratiquement il s'agit de savoir si la preuve de leur droit est ou n'est pas possible pour tous ceux — et les recueils et les enquêtes montrent qu'ils sont très nombreux — qui ne peuvent pas justifier qu'ils ont prescrit. Devront-ils ou non succomber devant un usurpateur ? Auront-ils ou non droit à indemnité en cas d'expropriation ? Pourront-ils invoquer l'art. 1382 dans l'hypothèse d'un dommage causé ?

Voilà notre question principale.

Elle en entraîne d'autres à sa suite.

S'il est vrai que le titre ou la possession suffit à prouver le droit, ce droit n'aura pas nécessairement un caractère absolu, il pourra succomber en présence d'un autre ayant pour appui la prescription. Or cette idée de la propriété envisagée comme un droit relatif, en la supposant exacte, ne servirait-elle pas à expliquer bien des circonstances dans lesquelles la loi ou les tribunaux reconnaissent, à côté du *verum dominium* un droit semblable à d'autres personnes, et par exemple à celui qui a élevé des constructions sur le terrain d'autrui ?

D'autre part cette même idée rapproche en pratique la propriété et la créance, qui, théoriquement, semblent tout à fait dissemblables. Elle donne à celle-là une efficacité restreinte qui ne paraît au premier abord convenir qu'à celle-ci ; elle fait de la propriété un droit qui peut n'être pas opposable à toute personne. Mais remarquons que la créance, de son côté, trouve parfois en elle-même, grâce, par exemple, à la théorie de la compensation, de la rétention, du rapport des dettes, des prélèvements en matière de partage, une efficacité absolue qui lui permet de se réaliser complètement, d'échapper à la loi du concours. N'aurait-on pas exagéré quelquefois l'opposition entre les deux droits et ne serait-il pas possible, en l'atténuant, d'expliquer d'une façon rationnelle ces résultats en apparence anormaux ?

Mais pourquoi la doctrine refuse-t-elle au titre ou à la possession la force nécessaire pour prouver la propriété ? Parce qu'il ne suffit pas au revendiquant de montrer qu'il a acquis ou qu'il possède ; il lui faut justifier d'une transmission *a vero domino* ; parce que *nemo plus juris ad alium transferre potest quam ipse habet.*

Cette idée, cet adage, la jurisprudence les laisse de côté. Or elle est obligée de le faire, sinon — le nombre même de ses décisions le montre — plus de protection sérieuse de la propriété.

Et elle s'appuie sur une tradition constante indiscutable.

Elle décide que le titre et la possession ne cèdent qu'en présence d'un droit acquis.

Or il s'agit de savoir si la maxime *nemo plus juris* ne se ramènerait pas précisément à la réserve des droits acquis.

On ne peut transférer, dit-on, que ce qu'on a. Mais qu'est-ce que transférer, qu'est-ce qu'acquérir un droit? Qu'est-ce qu'un droit acquis? Qu'est-ce qu'un droit? Questions palpitantes, qu'il n'est pas permis d'esquiver, sur lesquelles c'est pour tout juriste un devoir de chercher.

Et s'il est vrai que la défense d'acquérir ce qui ne nous est pas transmis se ramène à l'impossibilité d'enlever à autrui un droit que la loi déclare lui appartenir, si par conséquent tout autre que la personne munie de ce droit au moment de l'acte translatif ne peut invoquer l'adage *nemo plus juris* n'y aurait-il pas moyen d'expliquer ainsi une jurisprudence qui déclare valables les actes de l'héritier apparent? Pour le savoir il faut examiner si l'héritier a un droit de propriété avant son acceptation, si celle-ci rétroagit *erga omnes*. Question douteuse.

De plus cette idée du droit acquis, seul opposable au droit transmis ne pourrait-elle expliquer qu'un jugement puisse causer à des tiers un préjudice juridique malgré la règle *res inter alios acta*... et les obliger à intenter la tierce-opposition?

Nous indiquons ainsi presque toutes les difficultés dont il est parlé dans cette thèse. Il en est d'autres (sur la nature de la prescription acquisitive, sur l'article 2279 C. civ., sur l'effet déclaratif du partage, sur le caractère des droits conditionnels, sur l'acquisition des fruits par le propriétaire dont le droit est rétroactivement résolu, puis sur le transfert des titres négociables, puis aussi sur la théorie des présomptions légales) qui y viennent incidemment et comme moyens de résoudre notre principale question.

Bien entendu, nous ne traiterons pas de tout cela. Nous examinerons plusieurs de ces problèmes, nous nous contenterons de poser les autres et d'indiquer où il faudrait, à notre avis, chercher la voie qui conduit à leur solution.

L'intérêt pratique de ce travail nous paraît certain.

Nous voudrions montrer son importance théorique.

Il s'agit de résoudre à la fois un grand nombre de difficultés en les rapprochant, en les éclairant l'une par l'autre, en les ramenant à une idée maîtresse.

Il s'agit de discuter l'idée de transfert de droit et pour cela de critiquer l'adage : *nemo plus juris*.

Nous croyons que cet adage est contestable, ou plutôt, nous croyons qu'il faut le traduire littéralement, et, de l'impossibilité de transmettre ce qu'on n'a pas, ne pas conclure à l'impossibilité d'acquérir ce qui ne nous est pas transmis.

Nous ne sachons pas qu'on ait essayé de justifier cet adage. On invoque le bon sens. C'est insuffisant; le bon sens n'est qu'un raisonnement imparfait, résultat d'une observation superficielle.

Aurons-nous réussi dans notre œuvre critique? Nous n'osons pas l'affirmer un instant. On dira si nous avons raison. Mais ce que nous désirons avant tout c'est qu'on veuille bien collaborer avec nous soit en nous apportant de nouveaux arguments, soit en nous opposant des objections. Paradoxe, si l'on veut; toute vérité est paradoxale, avant qu'elle n'entre dans lecourant. Nous prétendons d'ailleurs moins démontrer quelque chose que soulever une discussion.

Il est indispensable, pensons-nous, alors que l'évolution sociale va peut-être obliger le juriste à jouer un rôle important dans la vie, comme il en a déjà joué un au sortir du moyen-âge, que nous soyons sûrs des maximes que nous présentons comme des axiômes, que nous les ayons soumises à une critique sévère. En droit tout est toujours à faire. Les principes disparaissent avec les institutions qui les avaient fait naître. Il faut défricher le champ. On risque d'errer : soit, mais on le risque peut-être moins que si l'on prend, les yeux fermés, comme guide des adages, des définitions, des mots.

L'entreprise a son importance. Nous ne la tentons même pas. Cette thèse n'est qu'une ébauche, qu'un programme des études auxquelles nous avons le désir de nous livrer.

Son importance pratique est d'ailleurs moins grande que son importance théorique. Car les tribunaux, poussés par la nécessité, ne peuvent heureusement s'arrêter toujours à nos objections. Ils passent à côté des adages quand ils ne peuvent faire autrement.

Mais voici que peu à peu le palais s'éloigne de l'école :

sur notre question, par exemple, sur celle des actes du propriétaire apparent, ou sur celle de la dot mobilière, pour ne citer que des choses très connues et ne parler que du droit civil. Nous reconnaissons la valeur pratique de la jurisprudence, nous résistons au nom des principes, ou bien nous nous inclinons, invoquant des fictions, c'est-à-dire de pures explications de mots, ou des présomptions plus ou moins arbitraires, ou des exceptions à des principes — tels que *nemo plus juris* — tenus cependant comme de droit naturel.

Au fond le juriste abdique et il cesse ainsi d'exercer sur le droit son influence salutaire, (1) de transformer en art la pratique.

Sans doute il ne faut pas toujours céder devant l'utilité pratique.

Mais qu'on y prenne garde ! Un argument tiré de la nécessité a quelquefois toute la puissance d'un argument juridique. Soit par exemple notre question : Quelqu'un achète un immeuble ayant les meilleures raisons de croire qu'il acquiert a *domino*. Mais par un motif quelconque et sans la faute de l'acquéreur, la preuve par proscription est impossible. La doctrine décide qu'alors n'importe qui peut violer cette propriété malgré la bonne foi du propriétaire apparent. Qu'est-ce à dire ? C'est-à-dire qu'une injustice est commise et cette injustice la loi en est cause. Pourquoi ne nous fournit-elle pas les moyens de faire la preuve d'un droit absolu si elle veut que la propriété soit un droit absolu ou qu'elle ne soit pas ? Pourquoi permet-elle d'acquérir par simple convention, sans le contrôle de l'autorité publique, si malgré les enquêtes, démarches, frais du particulier, le titre acquisitif peut être tenu comme non avenu par un usurpa-

____

1. Cf. nos 13, 14, 15.

teur ou par un héritier qui accepte plusieurs années après l'ouverture de la succession ? Que devient l'idée même de droit réel, si le titre qui le constate n'est pas opposable aux tiers ? Et que devient le principe de la responsabilité individuelle ?

Ne serait-ce donc pas que l'adage *nemo plus juris* est faux, avec la portée qu'on lui donne, s'il est contraire soit à la nature du droit réel, soit à celle de la responsabilité ? Ne serait-ce pas qu'il est en conflit avec nos lois ?

Il est des principes auxquels ni les adages, ni les textes eux-mêmes ne permettent d'échapper. C'est celui de la liberté, d'abord, restreint par cet autre principe qu'il faut respecter le droit d'autrui. Donc, si une maxime, si même un texte violent l'une de ces deux idées qui résultent de l'idée même de droit, il faut dire que ces maximes ou que les textes n'ont pas de valeur juridique. On l'a fait depuis longtemps déjà pour l'adage *nemo auditur propriam turpitudinem allegans* qui entraînait l'impunité d'actes contraires à l'ordre public.

On l'a fait depuis longtemps aussi pour les art. 1310 et 1322 C. qui, limitant aux parties et à leurs ayants-cause la force probante des actes, auraient pour conséquence de permettre aux tiers de méconnaître nos droits.

On l'a fait *utilitatis causa*.

Mais qui ne voit que l'utilité, dans ces cas, c'est le droit ? Qui ne voit qu'en constatant la nécessité pratique, on ne fait que démontrer l'absence d'harmonie qui existe entre de prétendus principes et l'ensemble de la législation ? Il faut que ce qui vit rejette ce qui menace son existence, ou qu'il meure.

Et pour rétablir l'harmonie il faut rechercher dans la tradition, dans la loi, les principes fondamentaux qui résultent de notre organisation politique et privée telle que l'a formée l'histoire. Il faut repousser tout le reste.

L'œuvre est délicate. Elle exige un travail consciencieux de synthèse.

On nous excusera d'avoir souvent tâtonné, hésité, faute d'un guide de ce genre dans la question qui nous a tenté. Pour l'examiner plus facilement nous l'avons prise sous la forme la plus rudimentaire. Nous n'étudierons que le conflit entre titres et possessions. Nous ne chercherons à connaître le droit de propriété que quand il se manifeste dans la revendication.

Nous sera-t-il permis, pour terminer cette préface, de demander qu'un des maîtres de la science du droit écrive un jour les règles essentielles sur la méthode juridique? Il n'est peut-être pas d'œuvre plus difficile ; elle nous paraît indispensable aux apprentis.

CHAPITRE PREMIER

LA THÈSE

1. — Comment peut-on prouver son droit à la propriété d'une chose ?(1)

L'art. 2279 nous le dit pour les meubles corporels : en fait de meubles possession vaut titre ; on est à peu près d'accord pour traduire : la possession de bonne foi dispense de la production d'un titre.

Mais pour les immeubles que vaut le titre et que vaut la possession ?

Ils ne signifient rien, répondent beaucoup d'auteurs.

Nous croyons au contraire que le titre et la possession valent quelque chose.

Voilà la thèse : C'est celle de la jurisprudence, qui l'adopte, nous l'avons dit dans notre préface, pour d'impérieuses raisons pratiques. Si on la repoussait, en effet, la prescription serait, en principe, comme on le verra, la preuve unique du droit de propriété immobilière. Or cette preuve est quelquefois impossible à fournir, souvent difficile et coûteuse. Les frais, les lenteurs qu'elle entraîne peuvent être hors de proportion avec le résultat pécuniaire à atteindre.

§ I. — *Intérêt pratique.*

Supposons qu'on l'exige : un simple poséssseur annal triomphera de celui qui a acheté son lopin de terre à beaux deniers comptants. C'est injuste pour l'individu, c'est mau-

---

1. Nous reprenons ici et nous précisons la question posée d'une façon générale dans la préface.

vais pour la société. Il faudra que le cultivateur monte la garde autour de son champ pour éviter tout empiètement, toute usurpation; soit : *jura vigilantibus prosunt.* Mais alors ce seront de perpétuelles querelles au possessoire, à moins qu'on ne se contente de la vengeance privée. De plus, le propriétaire pourra-t-il toujours démontrer sa possession ancienne ? Mais chacun sait que l'enchevêtrement des petits domaines, que l'absence de limites certaines dans les champs, par suite de tolérances et d'abus sont tels dans certaines régions qu'il serait impossible au cultivateur de prouver même une possession annale bien caractérisée.

Allons plus loin ; devant le juge de paix l'usurpateur triomphe. Il a besoin de crédit pour la culture. Mais quel crédit trouvera-t-il ? Il est sous menace constante d'expulsion. Et pourquoi, dans sa situation toujours précaire, ferait-il des dépenses qui engagent l'avenir ? Ainsi, faute de crédit, faute de sécurité, faute de droit, le bien ne donnera pas les fruits qu'il devait donner, ni le titre, ni la possession ne prouvant la propriété : on refuse à l'un un effet juridique dont on ne donne à l'autre que l'apparence.

Quant à l'individu de bonne foi qui a un titre d'acquisition, son cas est intéressant. Il mérite qu'on lui facilite la preuve, peu importe qu'il ait acquis ou non *a domino.* Il lutte *de damno vitando* ; son adversaire résiste *de lucro captando.* Il croyait à son droit tandis que le simple possesseur se savait sans droit. L'un considérait l'immeuble comme faisant partie de son patrimoine ; l'autre ne pouvait pas considérer sa possession comme une valeur définitive. On enlève plus au premier que l'on ne donne au second ; d'où une perte sociale.

Législativement il faudrait choisir. Ou reconnaître au titre la force d'un droit, ou accorder à la possession tous les avantages de la propriété. En ne donnant ces avantages ni à l'un, ni à l'autre on nuit à tous, à l'acquéreur, au détenteur, aux tiers, sans profit même pour celui qui viendra revendiquer en s'appuyant sur la prescription : tous ont intérêt en effet à la bonne gestion, à l'entretien du domaine. Si on ne choisit pas, malgré la bonne volonté des hommes, les choses pourront rester pendant des années sans représentants. Elles seront inutiles, infécondes, vaines, tant qu'il ne plaira pas à celui qu'on appelle le *verus dominus* d'invoquer son droit et de l'exercer. Par respect pour sa propriété il sera fait défense à quiconque d'en user vraiment. Le champ attendra son maître ; il se refusera à tout autre.

2. — La jurisprudence n'a jamais hésité. Elle a accepté, elle a subi le système suivant : celui qui acquiert selon les modes légaux est propriétaire à l'encontre de tous ceux qui ne peuvent opposer un droit antérieur.

Ainsi point d'interrègne dans la propriété. Toujours quelqu'un qui produise.

Il le faut pour tous. S'il est vrai que la propriété est organisée, moins dans l'intérêt des propriétaires que dans un intérêt social cela va de soi.

Qu'on songe d'ailleurs qu'elle est le centre de la vie économique. Elle est la cause, le but, la garantie des contrats. Autour d'elle tout le droit gravite.

Que le titre succombe devant la possession. Ce ne sera pas seulement la confiance de l'acquéreur qui sera trompée, ce sera celle de tous ses ayant-cause. Et en même temps que la circulation de la propriété sera ralentie, la vie économique entière souffrira.

Il y aurait ainsi des époques de léthargie dans la vie juridique. Logiquement on ne voit pas pourquoi elles auraient une fin : est-on jamais sûr, en effet, qu'il ne se trouve pas quelque cause d'inexistence, de nullité absolue, dans le titre d'un de nos auteurs? Sans doute il y a la prescription, mais il faut tenir compte des causes de suspension, d'interruption. On en a tenu compte. Est-on à l'abri? En cherchant bien l'usurpateur intéressé finira par découvrir un très vieux parchemin qui prouve qu'on ne possède, malgré les ans, qu'à titre précaire.

3. — Voilà un tableau bien noir. Nous voulons l'éclaircir un peu. Si nous consultons des recueils d'arrêts, nous trouvons un certain nombre de documents : mais ils sont rarement relatifs à des immeubles de quelque importance. Il est vrai que tout ne se plaide pas, que des acquéreurs ne sont pas troublés, précisément grâce à notre jurisprudence. Il y a un ensemble de considérations, une série d'incidences du connu sur l'inconnu qui rendent toute enquête sérieuse impossible.

Mais on ne saurait affirmer que chaque possesseur ait des preuves décisives de prescription. Tous les hommes de pratique disent que non, et les enquêtes de la commission du cadastre ont montré que les propriétaires ne se faisaient pas d'illusion à ce sujet, que beaucoup craignaient fort qu'on leur demandât la preuve absolue de leur droit.

Mais, même en supposant l'abandon complet de cette jurisprudence, on continuerait à acheter, à contracter. Il ne faut jamais exagérer l'influence de la loi ni, en général, du droit sur la vie. Oui, on contracterait, on aurait confiance, et cela parce qu'on en aurait besoin. On aurait confiance parce qu'il le faudrait, comme on va dans la rue malgré le vent et l'orage, parce qu'on ne peut faire autrement. On croirait en son droit et au droit d'autrui, faute d'en être sûr. On traite, on prête sur des immeubles dont les origines de propriété sont insignifiantes. Pour qui prend à bail un appartement, le maître, c'est celui qui se donne comme tel. On n'a pas le temps ni les moyens de douter : on croit. C'est l'intérêt de chacun, c'est l'intérêt de tous. Il y a comme une entente tacite en vue de considérer comme droit l'apparence du droit. Ne vivons-nous pas en tout de croyances ?

Nous avons tenu à mettre dès le début cette idée en lumière. Elle domine la thèse. Nous l'avons exposée au point de vue pratique avant de la dégager peu à peu au point de vue juridique.

§ II. — *Jurisprudence et doctrine.*

4. — La question ne s'est posée devant les tribunaux que longtemps après la promulgation du Code civil. Mais la jurisprudence était accoutumée à trancher des questions de droits réels entre adversaires n'ayant l'un et l'autre ni titre, ni prescription. Elle faisait alors triompher celui qui avait une possession mieux caractérisée et plus ancienne que l'autre. Il y a des arrêts très nombreux en ce sens. Chacun pris en lui-même ne présente d'ailleurs aucun intérêt doctrinal. Il s'agit simplement dans ces litiges de décider qui possède, et le juge se prononce en comparant présomptions et témoignages (1).

Mais, à partir de 1864, intervinrent des décisions fort importantes et très connues de la Cour de cassation, qui proclamaient résolument: celui qui a un titre acquisitif l'emporte sur quiconque n'a qu'une possession postérieure à ce titre. Le premier arrêt, en date du 22 juin 1864, était des plus nets. Il déclare que le titre — un acte d'adjudication en l'espèce — fait preuve, preuve complète du droit à l'encontre du possesseur : « Attendu qu'aux termes de l'art. 711, la propriété des biens s'acquiert et se transmet par l'effet des

---

1. Quantité d'arrêts, voy. notamm. Req. 20 janvier 1840, Sirey, 40, 1, 957. — Req. 20 avril 1868, D. 69, 1, 85. — Req. 20 janvier 1884, D. 84, 1, 314.

obligations ». Mais tout en se prononçant avec pleine franchise au point de vue juridique, la Cour semblait s'excuser par avance auprès des auteurs de sa hardiesse grande, invoquant d'inéluctables nécessités : « Attendu que le droit de propriété serait perpétuellement ébranlé si les contrats destinés à l'établir n'avaient de valeur qu'à l'égard des personnes qui y auraient été parties ; puisque, de l'impossibilité de faire concourir les tiers à des contrats ne les concernant pas, résulterait l'impossibilité d'obtenir des titres protégeant la propriété contre les tiers ». La jurisprudence paraissait se donner comme prétorienne ; on la prit comme telle. Les uns la défendirent en envisageant l'équité. D'autres la critiquèrent au nom des principes. Personne ne la soutînt en droit. C'était d'une part Aubry et Rau : « En dehors de l'usucapion, la preuve du droit de propriété qui incombe au demandeur en revendication, ne saurait, en pure théorie, s'administrer, d'une manière complète, que par la production d'un titre translatif de propriété, accompagné de la justification du droit de l'auteur immédiat et de celui des prédécesseurs de ce dernier. Mais une preuve aussi rigoureuse se concilierait difficilement avec les exigences pratiques: et il semble, d'un autre côté, qu'au point de vue de l'équité, on ne puisse réclamer du revendiquant que la preuve d'un droit meilleur ou plus probable que celui du défendeur »(1). C'est d'autre part et surtout Laurent, dont nous verrons plus loin la critique.

L'immeuble, objet du litige de 1864, était modeste ; il s'agissait d'une haie séparative. L'action ressemblait fort à une action en bornage.

5. — Mais, le 27 décembre 1865 (Voy. D. 66, 1, 5), la Cour de cassation décide, à propos d'un lac, dit de Paladru,

1. T. 2, § 319 b., note 6. — Demolombe, t. 9, n° 481. — Troplong, *Prescription*, t. 1, n° 230, 3°. — Duranton, t. 4, n° 233. — M. Larnaude, dans Bonnier, *Traité des preuves*, n° 508 *bis.*

qu'un jugement déclaratif de propriété est opposable à un tiers possesseur, sauf à lui à « l'attaquer au moyen de la tierce-opposition ou même directement », ou encore : « à faire la preuve contraire et à établir, à son profit, soit un droit de propriété préférable, soit une possession antérieure légalement acquisitive ». Voici l'espèce : A... et B... se rendent adjudicataires, le 22 octobre 1846, du lac de Paladru. Le cahier des charges portait qu'une partie de ce lac était exploitée par les habitants de deux communes et que l'adjudicataire serait, par le fait seul de l'adjudication, subrogé à tous droits et actions du vendeur à l'effet d'obtenir sa réintégration dans la jouissance de cette portion du lac, mais sans garantie. En 1848, A... et B... assignent devant le tribunal de Bourgoin l'une des communes, celle de Collatières ; ils triomphent. Puis un sieur B..., habitant de la commune du Pin, obtient, sur action en complainte, un jugement le maintenant en possession. A... et B... revendiquent. Ils perdent, devant la Cour de Grenoble, faute par eux de pouvoir invoquer la prescription décennale : la clause de non-garantie parut aux juges exclure la bonne foi. L'arrêt fut cassé, sans que la Cour permît aux demandeurs de prouver, que si la portion du lac par eux possédée ne leur appartenait pas, elle faisait partie du domaine de l'Etat. Ainsi donc le jugement fait preuve du droit *erga omnes*, et on ne détruit l'effet de ce droit qu'en établissant « à son profit » un droit meilleur. Peu importerait qu'on prouvât la propriété d'un tiers.

L'arrêt fit date. C'est maintenant encore sur lui que les auteurs se disputent. Pourtant le titre, ici, c'était un jugement. Et ce jugement avait donné gain de cause aux demandeurs en fondant leur droit sur la prescription.

6. — Que penserait la Cour de cassation d'un contrat ? Elle n'eut pas pendant plusieurs années l'occasion de se prononcer sur ce point. On cite, il est vrai, dans les recueils

d'arrêts et les ouvrages de doctrine certaines décisions ou certains considérants. Mais ils se rattachent à la vieille jurisprudence qui fait triompher au pétitoire le possesseur le plus ancien, quoiqu'il ne soit pas dans les conditions de l'article 2262. On a un peu confondu les deux jurisprudences. Celle-ci, qu'on ne discutait même pas auparavant, a souffert par contre-coup de l'importance que la nôtre a prise et du mal qu'on en a dit.

Mais un arrêt de la cour de Pau du 8 mai 1872 (D., 73, 2, 231) admet comme preuve du droit un acte de partage : « Attendu que de simples présomptions ne sauraient prévaloir contre un tel titre ».

Deux arrêts d'Aix en date des 29 février et 15 mars 1872 (D., 76, 2, 185) préfèrent un acte de vente à une possession moins ancienne.

Ensuite une décision de la Chambre civile (17 février 1886, D., 86, 1, 250) admet qu'une constitution en dot d'un immeuble suffit à justifier de la propriété contre une semblable possession.

Nous citerons aussi dans Dalloz, 95, 1, 152, un arrêt de requêtes du 17 juillet 1894. Le titre est cette fois un acte de vente. (1)

Relatons pour finir un arrêt de la cour de Liège du 17 novembre 1894 (*Pasicrisie belge*, 95, p. 144) dont les considérants résument bien la thèse : « Attendu qu'aux termes de l'art. 711 du C. civ. la propriété des biens s'acquiert et se transmet par l'effet des obligations..., que la propriété, étant de sa nature un droit réel, opposable à tous, l'acte qui constate cette transmission a la même force probante *erga omnes* ; que vainement on invoque l'art. 1165 du C. civ. ; que cette disposition ne s'applique qu'aux conventions qui produisent des obligations purement personnelles ; attendu, dès lors, que la commune intéressée n'est pas

____

1. Nous ne notons que les décisions les plus motivées. Une énumération complète nous paraît inutile.

fondée à repousser les titres des appelants en se basant uniquement sur ce que ces actes lui sont étrangers ; qu'elle ne pourra détruire l'effet de ces documents que par la production d'autres titres ou à l'aide d'une possession antérieure aux actes produits et continuée depuis, enfin par une possession postérieure réunissant les conditions voulues pour la prescription ».

7. — Analysons maintenant la thèse opposée : un titre, étranger au possesseur, ne prouve rien contre lui. Cette théorie, nous ne la trouvons développée que par ceux qui laissent résolument de côté les considérations pratiques, pour s'en tenir aux principes. C'est, en tête, Laurent (t. 6, nᵒˢ 156, 159 à 173); à sa suite Montagne (*De l'action en revendication des immeubles*, thèse, Poitiers, 1870, nᵒˢ 347 à 362) et Naquet (note dans Sirey, 1873, 2, 49).

8. — On ne voit guère, à la simple lecture des textes, quelle objection théorique peut être faite à la jurisprudence. Aux termes de l'art. 711, le texte principe des « dispositions générales » qui commencent le livre troisième du Code civil, consacré aux « différentes manières dont on acquiert la propriété », celle-ci « s'acquiert et se transmet par succession, par donation entre vifs ou testamentaire, et par l'effet des obligations ». Pourquoi ce droit ne pourrait-il s'obtenir au moyen d'un tel titre, sans qu'un de nos auteurs l'ait lui-même acquis par occupation ou par prescription ? Car, c'est là ce que l'on soutient. Où est-ce écrit ? L'art. 711 le dit-il, le suppose-t-il ? Il le dit et semble le supposer si peu que c'est seulement dans l'article suivant que le Code traite, à titre d'ailleurs subsidiaire, de la prescription considérée comme acquisitive de droit. Article 712 : « La propriété s'acquiert aussi par accession ou incorporation, et par prescription ». On dirait que la prescription n'est pour le législateur que l'accroissement d'un droit déjà acquis,

Lévy · 2

adjectio dominii. Quant à l'occupation, il n'en est parlé en nul endroit dans le Code.

9. — Et pourtant il faut bien reconnaître qu'au premier abord tout jurisconsulte éprouve quelque méfiance à l'égard de la théorie des arrêts.

Pourquoi ? Nous essayerons de le dire tout à l'heure.

Mais examinons les arguments de Laurent.

Il est de principe, nous dit-il, que c'est au demandeur à prouver : *actori incumbit probatio*. L'article 1315 n'est qu'une application de ce vieil adage : « Celui qui réclame l'exécution d'une obligation doit la prouver… » et quoique ce texte ne s'occupe que de la preuve des obligations, tout le monde est d'accord pour admettre que l'idée qui s'en dégage domine les droits réels aussi bien que les droits personnels. Il est, en effet, certain que quiconque prétend à un droit contre autrui, que quiconque veut accomplir un acte qui diminue le champ de liberté de son prochain doit montrer un titre qui le lui permette. Il y a là une sorte de principe constitutionnel. Et s'il est vrai que, chez les peuples primitifs, notamment chez les Germains, c'était au défendeur à fournir sa preuve, par serment ou par témoins, c'est que le droit avait alors un caractère divin ou social (ce qui était au reste synonyme) : il fallait avoir pour soi les dieux ou le groupe. (1) Aujourd'hui il a un caractère individuel ; d'où l'article 1315.

Or, par hypothèse, nous avons en présence Primus qui a un titre ; Secondus qui possède. Celui-ci a une situation acquise ; à celui-là qui demande, qui prétend innover, à justifier sa prétention.

Et c'est son droit à lui qu'il doit démontrer ; il ne lui suffirait pas de prouver l'absence de droit chez son adversaire. Que celui-ci ait ou non un titre, qu'il soit ou non de bonne foi, il possède. Cela suffit. *Sufficit ei si possideat*.

1. C. p. 84, note.

Mais notre demandeur ne fournit-il pas une preuve suffisante en présentant un titre antérieur à la possession ? Nullement. Interviennent deux nouveaux principes. Voici le premier : *res inter alios acta aliis non nocere potest.* Quand au second, il est ainsi formulé : *nemo dat quod non habet.*

Ni l'un ni l'autre ne sont dans le Code. Mais le premier se dégage d'un texte placé au titre des obligations. C'est l'art. 1165 C. civ. : « les conventions n'ont d'effet qu'entre les parties contractantes ; elles ne nuisent point aux tiers ».

Pour le second, il est appliqué par plusieurs textes, soit aux droits réels, soit aux droits personnels. Rappelons surtout les art. 2125 et 2182 C. et 717 C. pr. civ. Tous ces textes, il est vrai, supposent une revendication exercée par le véritable propriétaire. Mais ici encore il faut dégager sous la lettre l'esprit de la loi et généralisant, décider qu'on ne peut pas plus opposer à un possesseur un prétendu droit qu'on ne tient de personne, qu'il n'est permis d'invoquer contre le véritable propriétaire un droit nul ou résolu. Il y a *eadem ratio.* Et cette raison est d'évidence. Elle est tellement d'évidence qu'elle n'est pas susceptible de démonstration. C'est un axiome : on ne peut donner à autrui une chose quelconque qu'on n'a pas. Comment pourrait-on transmettre un droit qui ne nous appartient pas ?

Or, ces principes étant admis, voici ce qui en résulte : le titre du demandeur, nous le supposons, est étranger au possesseur. L'acte qu'on oppose à ce dernier est pour lui *res inter alios acta.* Il ne peut lui nuire.

Pour le faire déguerpir, il faudrait autre chose qu'un contrat. Il faudrait un de ces titres qui obligent tout le monde parce qu'ils nous sont opposés par la société ; il faudrait par exemple la prescription.

Dira-t-on avec la jurisprudence que la propriété est de sa

nature un droit réel opposable à tous? D'accord. Mais il est excessif d'en conclure avec elle que « les actes qui constatent sa transmission ont la même force probante *erga omnes* ». C'est confondre l'acte translatif avec le droit qu'il transfère. Ce droit est opposable à tous ; mais encore faut-il qu'il existe. Quand à la convention elle n'est opposable qu'aux parties et à leurs ayant-cause. Le caractère absolu du droit de propriété ne peut déteindre sur les actes translatifs de propriété. Ceux-ci ne créent par eux-mêmes que des obligations auxquelles s'applique l'art. 1165 C. Ils ne donnent naissance à des droits réels au profit de l'acquéreur que si ceux-ci existaient déjà chez l'aliénateur.

En définitive la jurisprudence repose sur un sophisme : la propriété est un droit absolu : donc le titre qui la constate a un effet absolu.

Citons sur ce point un passage très net de la thèse de M. Montagne : « En vain, le demandeur m'objecte son titre ; je ne vois pas comment cela pourrait modifier ma situation. Quelle théorie singulière, en effet, que celle qui veut que le titre me soit opposable, comme si j'étais l'aliénateur, et qui m'impose la nécessité de le renverser... Sans doute, le titre authentique, ou sous-seing privé ayant date certaine, m'est opposable en ce sens qu'il fait foi à mon égard du fait juridique qui s'est accompli, et à ce point de vue il serait opposable au véritable propriétaire comme au possesseur... Mais ce qui serait le renversement de toutes les règles de bon sens et d'équité, ce serait d'admettre qu'il pût en rien me lier au point de vue des conventions qu'il renferme, et qui me sont parfaitement étrangères... Lorsque vous venez me dire que vous êtes muni d'un acte constatant que telle personne a consenti une aliénation à votre profit, je me garde bien de nier l'existence de ce fait, mais je réponds que la convention antérieure m'est absolument indifférente, et que j'exige de

vous la preuve de votre droit, exactement comme je l'exige-
rais de votre auteur. Il est évident que si celui-ci s'avisait
de revendiquer, il ne pourrait point triompher en se basant
sur ce motif unique qu'il a possédé avant moi... Chose bizarre,
la jurisprudence, qui n'admettrait point un pareil raisonnement dans la bouche du vendeur, l'accueille sans hésiter
lorsqu'il est tenu par l'acquéreur ». (*Op. cit.*, p. 213).

10. — Ainsi et en résumé, la combinaison des adages :
Nemo plus juris... et res inter alios acta, serait un obstacle
dont la jurisprudence n'a pu triompher.

Mais remarquons-le, M. Laurent, qui reconnaît d'ailleurs
que sa doctrine est pratiquement mauvaise, prétend y avoir
été amené comme malgré lui par les textes du Code, par
la lettre de la loi. Or, nous avons été obligés, afin de donner à sa théorie toute sa force, de faire jaillir l'esprit de la
lettre et pour cela de généraliser et d'invoquer la tradition.
Et, précisément, M. Laurent ne veut pas que, sous prétexte
d'interpréter la loi, on la fasse au moyen d'une tradition,
même certaine et qui n'aurait contre elle aucun texte formel. N'est-il pas intéressant de relever cette contradiction ?
Il nous serait trop simple, il serait même puéril de nous re-
trancher à notre tour derrière les textes : tous ceux qu'on
nous oppose concernent les obligations ; il n'y en a qu'un
qui soit relatif aux droits réels, l'art. 711. Nous ne le ferons
pas. Le juriste ne peut s'enfermer, autant que le voudrait
M. Laurent, dans les articles du Code. Si nous nous conten-
tions de l'art. 711, nous arriverions, nous aussi, à des résultats impossibles : ce seraient plusieurs propriétaires d'une
même chose, aux droits absolus, inconciliables, quelque
chose enfin d'inintelligible.

11. — Soyons sincères : ni les uns, ni les autres nous
ne trouvons dans les textes les sources de nos convic-
tions.

La jurisprudence cherche dans le Code ses motifs ; mais la nécessité lui avait dicté son dispositif.

Quant aux auteurs, ce n'est pas non plus la loi qui les fait résister.

Le Code est muet sur le point qui nous intéresse. Nulle part, il ne traite de la revendication ; on a invoqué des textes à côté. Quelque forts que paraissent ou que soient les arguments, il a fallu les chercher : ils n'ont pas imposé la thèse, ils l'ont justifiée. Ce qui fait protester contre celle des arrêts, ce sont, à notre avis, deux idées préconçues, l'une spéciale à notre question, l'autre qui domine d'une façon générale la méthode juridique de certains et notamment de M. Laurent.

12. — Rappelons ce que notre thèse suppose et voyons où elle aboutit : on peut triompher d'un possesseur sans démontrer qu'on a usucapé. Mais peut-être un tiers est-il le véritable propriétaire de l'immeuble litigieux. Son droit reste intact : *res inter alios acta...* D'où, pour la même chose, deux propriétaires, dont l'un a un droit absolu, l'autre un droit relatif ; l'un pouvant revendiquer contre tous, l'autre ne pouvant pas opposer son droit au premier. Et on peut imaginer que plusieurs personnes étrangères l'une à l'autre aliènent le même domaine : d'où un nombre plus ou moins grand, illimité, indéterminé de propriétaires. De difficultés juridiques, point : le conflit se réglera le plus aisément du monde, car les propriétaires n'auront pas des droits égaux ; ils auront des droits meilleurs ou pires les uns que les autres. Mais, droits meilleurs, droits relatifs, est-ce ainsi que nous nous représentons la propriété ? C'est le *jus in re.* Elle est *erga omnes* ou elle n'est pas. Que ce soit pour des raisons de droit naturel ou d'économie politique, voilà l'idée. C'est cette idée qui mine sourdement la jurisprudence (1).

13. — Il en est une autre plus générale. Essayons de la dégager.

Il y a, dit-on, un principe qui domine notre matière : *nemo plus juris ad alium transferre potest quam ipse habet.* Où le trouve-t-on ? Dans le Code? Ce sera la partie la plus aisée de notre tâche de montrer qu'on ne l'y rencontre avec le sens qu'on lui attribue qu'après l'y avoir auparavant mis. Dans le droit romain, dans notre ancien droit? Nous y voyons en effet l'adage. Mais s'il avait toute la portée qu'on lui donne, comment se fait-il qu'on aboutissait continuellement, en pratique, — nous le verrons — à des résultats précisément inverses de ceux que nos adversaires en déduisent?

C'est que cet adage n'a que la valeur d'une constatation superficielle; il n'est que d'une vérité apparente. Comme celui qui a reçu *a non domino* succombe presque toujours en présence du *verus dominus,* on constate ce fait et on croit l'expliquer en généralisant la raison pour laquelle il succombe. Ce n'était qu'un adage ; on en a fait un axiome. Quel est son défaut? Quel vice l'empêche de prendre place dans la science ? C'est qu'il veut rendre l'idée sensible au moyen d'un symbole, c'est qu'il matérialise ce qui est abstrait. Il considère le droit comme une entité, un être, comme quelque chose enfin ayant une vie propre, indépendante de la vie de ceux qui ont des droits. Et alors on voit ce droit passer de main en main, et il passe. On le voit naître, vivre et mourir. On le voit se manifester, grandir, diminuer, se

---

1. Nous verrons d'ailleurs que cette idée répond à des préoccupations économiques justifiées. La tendance du droit de propriété est bien d'être opposable à tous. Encore cela suppose-t-il une organisation législative qui le lui permette; et ne faut-il pas, en attendant, sous prétexte de mieux respecter la propriété, sacrifier le titre à la possession.

fortifler, s'affaiblir, que sais-je ? Il a ses qualités et ses vices. Il a un corps et une âme, enfin.

Et de ces droits personnifiés qu'ils s'appellent propriétés ou créances, on a fait la base d'une étude ; on en a fait un objet de science. On les analyse, on les combine, on les sépare, on les mélange. On en traite, comme les physiciens traitaient jadis du froid, du chaud, du sec, de l'humide. On en a fait des « *idola.* » (1)

14. — Qu'on juge de la méthode à ses résultats : transfert de la propriété immobilière, transfert de la propriété mobilière, transfert des titres négociables, tels qu'ils sont organisés par la loi ou la jurisprudence sont, pour l'école de M. Laurent, une série d'expédients, de subterfuges, de violations des principes. Il y aurait d'un côté le principe *nemo plus juris*, de l'autre les dérogations constantes que les Codes et les pratiques y apportent. La science et la vie se combattraient, bien loin de s'unir. Mais celle-là étant vaincue à l'avance par la force même des choses, le droit, à mesure qu'il se transforme, sortirait de plus en plus du domaine des jurisconsultes. Cela est grave. Il faut que la méthode soit mauvaise ou qu'il n'y ait pas de science du droit. (2)

Il y a une science du droit. Seulement, ce n'est pas une science de formules et de mots. C'est une science de principes et de faits.

Les adages et les expressions courantes, ce sont façons commodes et brèves de s'exprimer. Mais c'est en exagérer la portée, c'est les compromettre que de les solidifier, puis de les analyser en eux-mêmes, que d'en faire le point de départ de raisonnements et d'observations.

Ce sont les faits qu'il faut observer. C'est sur les principes qu'il faut raisonner.

15. — Nous avons ici à étudier une institution que le

---

1. V. sur ces points M. Durckhéim, *Règles de la méthode en sociologie.*
2. V. pour l'idée générale notre préface.

Code n'a pas créée, mais qu'il a reçue d'un vieux passé. Comment s'est-elle formée, comment s'est-elle développée, comment nous est-elle parvenue, cette propriété individuelle ? Telle sera notre première recherche. Nous étudierons cette institution vivante dans la vie, dans la procédure.

Nous examinerons ensuite si les principes qui résultent soit de notre institution même, soit d'une façon plus générale de l'histoire, soit enfin de la loi actuelle, sont en conflit avec elle.

Et comme les principes sont une conséquence des institutions, comme le droit est sorti des faits sous l'influence des besoins matériels et moraux, si notre première enquête est exacte, il y aura harmonie entre l'organisme juridique et les principes généraux.

C'est précisément l'impossibilité de concilier le droit de propriété tel que le comprend une partie de la doctrine avec la règle *nemo plus juris*, que la jurisprudence invoque comme un argument en faveur d'une conception différente.

C'est cet argument que nous nous proposons de développer dans les pages qui suivent.

16. — Nous suivrons notre institution en droit romain, puis dans l'ancien droit.

Nous la défendrons ensuite contre les adages et les textes.

Nous montrerons enfin qu'elle est en harmonie avec les principes et la loi.

Il ne nous restera plus alors qu'à étudier son mécanisme et ses conséquences.

CHAPITRE II

DROIT ROMAIN

17. — C'est à l'action publicienne que remonte officiellement notre doctrine. Lisons Pothier au n°292 de son traité de la propriété : « Si celui qui possédait de bonne foi, en vertu d'un juste titre, une chose dont il n'était pas propriétaire, en a perdu la possession avant l'accomplissement du temps pour la prescription, il est reçu, quoiqu'il ne soit pas propriétaire de cette chose, à la revendiquer par l'action de revendication contre ceux qui se trouvent la posséder sans titre. Cette action est celle qui était appelée en droit romain *actio publiciana*. Elle est fondée sur l'équité, qui veut que celui qui était le juste possesseur d'une chose et qui, quoiqu'il ne fût pas encore le propriétaire était en chemin de le devenir, soit préféré pour avoir cette chose, lorsqu'il en a perdu la possession, à un usurpateur qui s'est mis injustement en possession ».

18. — Pothier, qui ne fait du reste, nous le verrons, que reproduire l'opinion de nos anciens auteurs, ne pouvait donner à sa théorie une origine plus compromettante.

Cette action publicienne était, en effet, l'œuvre du préteur. Il l'avait créée *corrigendi juris civilis gratia*. Elle avait donc à Rome un caractère exceptionnel et de faveur. L'action normale, n'était-ce pas, n'est-ce pas encore aujourd'hui la revendication ? La publicienne, nous dit Laurent, va à l'encontre des principes : la jurisprudence ne saurait, imitant le préteur, assouplir le droit.

Et cette publicienne, c'était une action fictice. Le préteur

demande au juge de supposer accompli le délai de l'usucapion, *usucapio fingitur* (G. IV, 36). Or, cette fiction n'est pas
dans le Code.

Ainsi, droit prétorien, action fictice, cette tradition que les
partisans de notre doctrine invoquent, on nous l'oppose.

19. — M. Appleton (1) a essayé de montrer que cette argumentation de nos adversaires repose sur un anachronisme.
Ce n'est pas, nous dit-il, la jurisprudence actuelle qui a créé
une fiction, c'est le vieux magistrat romain. Or, l'action du
préteur, greffée sur le *jus quiritium*, finit par devenir à
Rome puis dans notre ancienne France comme de droit civil.
Elle y remplaça la revendication. A l'époque de Justinien, le
moyen civil et l'action prétorienne se seraient pratiquement
confondus, un peu comme l'usucapion et la *præscriptio longi
temporis*.

Ainsi, montrer que cette action, exceptionnelle au début,
est devenue peu à peu de droit commun, voilà, pour ce qui
nous intéresse, la thèse.

D'autre part, M. Appleton a soutenu avec Huschke (*Das
Recht der Publicianischen Klage*) que la publicienne n'était
pas affectée à son origine, du vice qu'on lui reproche : exceptionnelle en pure théorie, elle ne faisait en réalité que consacrer une pratique ancienne. Et si elle pénétra si aisément
dans le droit civil, c'est qu'elle avait avec lui les plus gran-
des affinités. Voici comme : on sait que, dans la procédure
des actions de la loi, alors que la *rei vindicatio* se produisait
sous la forme de l'*actio sacramenti*, le magistrat accordait la
possession provisoire, les *vindiciæ*, à l'un des plaideurs (G.,
IV, § 16) : *Prætor secundum alterum eorum vindicias dicebat, id est, interim aliquem possessorem constituebat,
cumque jubebat prædes adversario dare litis et vindiciarum,*

1. Histoire de la propriété prétorienne et de l'action publicienne.

id est rei et fructuum. A qui était accordée cette possession intérimaire ? En matière de pétition d'hérédité, c'était sans doute, non au possesseur actuel, mais à celui qui paraissait avoir le meilleur droit (Cic., *in Verrem*, 2° act. I, 44) : *Postea quam jus prætorium constitutum est, semper hoc jure usi sumus : si tabulæ testamenti non proferrentur, tum utiquemque potissimum heredem esse oporteret, si is intestatus mortuus esset, ita secundum eum possessio daretur.* Il en était probablement de même en cas de revendication (G., IV, 17 *in fine*). Ce qui le prouve, c'est qu'on appelle *falsæ vindiciæ*, celles accordées au plaideur qui succombe (Loi 12 T. : *si vindiciam falsam*. Aul.-G., 10, 10).

Or, pour décider de quel côté se trouvait le droit préférable, le préteur devait se préoccuper des titres des parties, de leur bonne foi, de leur possession plus ou moins ancienne, laissant d'ailleurs au *judex* le soin d'examiner qui avait reçu *a vero domino*. Mais, si aucun des plaideurs ne pouvait fournir cette preuve, si les *sacramenta* des deux parties étaient *injusta*, la chose, dans le doute, restait au possesseur (V. Esmein, *Nouv. rev. hist.*, 77, p. 99. Bekker, *Aktionem*, passim. Bethmann-Hollweg, *Civil prozess*, § 43 et 53).

Ainsi, en l'absence de la preuve d'un droit absolu, celui qui avait une possession préférable l'emportait. L'esprit d'équité du préteur donnait en fait au juste titre et à la bonne foi l'importance que l'édit publicien leur reconnut plus tard en droit.

Avec les actions de la loi disparurent les anciennes *vindiciæ* (G., IV, 91, 94). Et ces *vindiciæ*, qui étaient accordées, tantôt au possesseur actuel, tantôt à celui qui paraissait avoir acquis, furent remplacées par les deux institutions prétoriennes qu'elles contenaient en germe, l'interdit *uti possidetis*, l'action publicienne. Celle-ci fut le contrepoids nécessaire de celui-là qui sinon aurait donné au fait possessoire une importance excessive.

Donc, le préteur n'innova pas, Il se contenta de rendre

édictal sous la procédure formulaire, ce qui était simplement décrétal sous la procédure des actions de la loi.

En résumé, l'idée de la publicienne aurait toujours existé, toujours duré. Elle serait aussi vieille que l'*actio sacramenti*, aussi romaine et aussi juridique que la revendication.

20. — Nous hésitons beaucoup à suivre le savant auteur dans toutes ces déductions. Il nous paraît qu'il a beaucoup exagéré l'importance de l'idée publicienne soit avant l'édit, soit après.

§ I. — *La « reivindicatio per sacramentum »*.

Occupons-nous en premier lieu du sort de l'idée publicienne sous les actions de la loi.

12. — Ici, il nous faut rappeler quelques traits de la *reivindicatio per sacramentum*. La marche de la procédure est décrite par Gaius, IV, 16. Le demandeur affirme que telle chose lui appartient en vertu du droit des *quirites : hunc ego hominem ex jure quiritium meum esse aio* (V. Cic., P. Murena, 12. C. I, L. II, 5042). Il touche avec une baguette l'objet du litige : *et simul homini festucam imponebat*. L'adversaire peut avouer ou ne pas contester (*confessio*) : Alors le demandeur reste maître. Ou au contraire il peut nier (*infitiatio*). Pour cela, il doit dire les mêmes paroles et faire les mêmes gestes que le demandeur : *eadem similiter dicebat et faciebat*. C'est la *contravindicatio*. Enfin, dernière particularité qui nous intéresse, le magistrat attribue à l'un des plaideurs la chose litigieuse. Si le possesseur succombait, il devait restituer.

Ceci rappelé, nous avons à nous demander comment ces *vindiciæ* étaient attribuées et quelle était l'importance de leur attribution, car la thèse de Huschke et de Appleton suppose : 1° que le magistrat ne les accordait pas à l'un quelconque des plaideurs, mais seulement après enquête, à celui dont le droit paraissait le plus favorable.

2° Que cette possession se transformait en un droit définitif si l'adversaire ne faisait pas la preuve de sa propriété.

. 3° Que la preuve à fournir *in judicio* était.celle d'un droit de propriété *erga omnes*, sinon la procédure des *vindiciæ* aurait fait double émploi avec cette dernière.

22. — Et d'abord,comment étaient attribuées les *vindiciæ* ? Il est déjà très douteux que cette procédure fût accompagnée d'une enquête au possessoire. Bien plus il est probable qu'originairement le préteur même était considéré comme le possesseur provisoire, qui conflait la chose à l'une des parties. (Voy. Festus *vindiciæ*), et la vieille idée d'après laquelle cette attribution des *vindiciæ* aurait influé sur le rôle des parties et le fardeau de la preuve est maintenant abandonnée d'une façon à peu près générale (Cf. Bechmann,*Studie im Gebiete der legis actio sacramenti inrem*).

Mais il est encore bien plus douteux, à notre avis, que cette attribution fût précédée de recherches portant sur le fond du doit. L'idée publicienne a eu beaucoup moins de chances encore de naître de cette procédure que l'interdit *uti possidelis*.On peut faire valoir en premier lieu les longueurs que cette enquête aurait entraînées, alors que, d'après le récit de Gaius, la procédure *in jure* semble brève.Surtout cette manière d'agir du préteur qui ferait de lui un juge provisoire n'est pas conforme à ce que les textes nous disent de son rôle. Bethmann-Hollweg a très fortement marqué le caractère privé des actions de la loi. Ce sont, comme il le dit, les parties elles-mêmes qui agissent ; le rôle du magistrat se borne à surveiller et à constater la légalité de leurs actes, à solenniser en quelque sorte, à régulariser leur litige. Selon Huschke il aurait fait plus : il serait intervenu, non seulement pour le respect des règles de forme ou en vertu de ses pouvoirs de police,mais afin de trancher pour ainsi dire par anticipation la question de droit : il aurait joué un rôle principal, actif. On aurait peut-être quelque peine à déterminer avec précision quel était ce rôle. Le préteur donnait, nous dit-on, la possession provisoire à celui qui paraissait avoir raison. Cela est vague. Ne devait-il pas *a fortiori* l'attribuer à celui dont le droit semblait certain ? Mais alors à quoi bon la procédure *in judicio* et pourquoi cette distinction si nette des textes entre le rôle du magistrat et le rôle du juge ? Ce n'était qu'une possession intérimaire, écrit Gaïus, que le préteur accordait ; en fait, d'après cette théorie, elle eût été presque toujours définitive. Les parties s'en seraient tenues à la procédure *in judicio* à moins qu'elles n'eussent préféré en appeler en quelque sorte de la décision du magistrat devant le *judex*.

Pour trouver une raison d'être aux deux procédures il faudrait alors soutenir que le préteur se prononçait par des motifs d'équité, le juge pour des raisons de droit. On n'éviterait d'ailleurs par là que la dernière de nos objections. Mais ce système ne nous paraît pas plus vraisemblable que l'autre ; ou il y avait d'un côté des raisons juridiques, de l'autre des motifs de justice, le triomphe passager que le préteur aurait fait avoir à ceux-ci eût été une satisfaction platonique et coûteuse : qu'on pense en effet à l'obligation de fournir les *prœdes*, de veiller à la conservation de la chose. En tout cas dans cette hypothèse l'idée Publicienne n'était que provisoirement respectée. Ou il n'y avait que des motifs d'équité d'une part sans raison de droit d'autre part. Dans cette hypothèse encore les raisons générales que nous avons indiquées s'opposent à une intervention active du préteur. Comment comprendre notamment l'obligation pour le prétendu ayant-droit de fournir des *prœdes* ? Comment comprendre que par cela seul qu'il n'en fournissait point le droit passait du côté de son adversaire ? Ajoutons qu'il est singulier de reconnaître au préteur sous les actions de la loi, le rôle d'un juge d'équité qu'il aurait perdu sous la procédure formulaire.

La bonne foi aurait triomphé plus facilement, — par une sorte d'interlocutoire — dans le très vieux droit si rigide que dans le droit récent plus humain et plus souple. Pour préciser l'argument, nous dirons que la nécessité même d'une action Publicienne confirme l'absence de l'idée publicienne sous la procédures des *legis actiones*. Pourquoi la revendication par formules n'aurait-elle pas fait triompher aussi facilement la bonne foi ? Ce serait une évolution à rebours.

Les *vindiciæ* n'ont donc pu contenir ce que l'on prétend. (1)

Il nous semble que ce n'est pas dans un incident de la procédure, que c'est dans son essence même qu'il faut chercher la solution du problème.

23.— Nos arrivons ainsi à notre seconde question.

Quelle était la preuve à fournir pour triompher dans la *rei vindicatio per sacramentum ?*

Suffisait-il à l'une des parties nommée défenderesse de nier le droit de son adversaire ? Devait-elle faire au contraire la preuve de son propre droit? en d'autres termes le juge devait-il apprécier d'une façon indépendante et à un point de vue absolu la situation de l'une des parties nommée aujourd'hui demanderesse, ou bien devait-il comparer les situations respectives de l'une et de l'autre ? ou encore, et pour poser la difficulté sous sa forme la plus simple et la plus exacte : Appliquait-on dans toute sa rigueur apparente à la revendication *per sacramentum,* le principe *actori incumbit probatio?*

Il est certain pour moi qu'il s'agissait dans cette procédure d'apprécier un rapport et que par conséquent la preuve d'un droit absolu était inutile. Il suffisait de démontrer qu'on avait un droit plus fort que son adversaire. (2) Et chacune des

1. Nous contestons seulement, bien entendu l'importance juridique qu'on semble attribuer aux *vindiciæ*. Elles pouvaient d'ailleurs, sous les réserves indiquées, sur lesquelles nous reviendrons, avoir une certaine importance de fait (Cf. n° 24).

2. Nous verrons d'ailleurs en étudiant les modes d'acquérir qu'on ne pourrait faire autre chose.

parties devait faire sa preuve, sous peine de succomber. Il n'y avait, en un mot, ni demandeur, ni défendeur.

Il nous suffira, pour justifier ces propositions, de nous appuyer sur des idées aujourd'hui généralement admises et, on peut dire, presque banales.

Nous disons qu'il s'agissait d'apprécier, non un droit abstrait, mais un rapport concret. La procédure *per sacramentum* a en effet un caractère tout à fait personnel. Quand on la traite d'action *in rem*, c'est en se plaçant à un point de vue purement objectif ; au sens procédural, c'était bien une action dirigée *in personam*.

Tout au début de la procédure, il est vrai, le revendiquant affirme d'une façon absolue son droit : *hunc ego hominem ex jure quiritium meum esse aio*. Mais le procès ne se lie, mais il n'y a litige que s'il se présente une autre personne qui affirme à son tour, et d'une façon aussi absolue, son droit. Or, quel était le but de l'instance ? Bien évidemment de comparer ces deux prétentions inconciliables, de décider laquelle devait l'emporter sur l'autre. Il ne s'agissait pas de rechercher si la première ou la seconde était fausse en soi. Elles étaient toutes deux parfaitement valables et efficaces en elles-mêmes. Qu'après la *vindicatio* il n'y ait pas *contravindicatio* et la chose en question est adjugée par le préteur au revendiquant (G. II, 24). C'est que la formule *hunc ego hominem* n'est pas l'expression d'une requête au magistrat ; elle est une déclaration de volonté qui précise le sens de l'acte symbolique d'appréhension. Cela résulte avec évidence de ce que ces mêmes mots sont employés dans le mode d'acquérir appelé *mancipatio*. En les prononçant le plaideur ne demande ni protection ni jugement : il affirme, il exécute son droit, il agit, il est *actor*. Faire cesser cet acte de défense privée, lorsqu'un adversaire se présente, éviter l'emploi de de la force, tel est le rôle du magistrat. Le plus faible matériellement eût succombé ; ce sera, grâce à cet arbitrage légal, celui dont le droit apparaîtra comme meilleur, qui l'emportera.

Ainsi, au début, affirmations de droits absolus. Ces droits sont, en soi, respectables, par cela seul qu'ils sont affirmés en la forme légale : *ille respondebat ; jus feci, sicut vindictam imposui*; puis le revendiquant soutient que la prétention adverse est injuste par rapport à lui : *quando tu injuria vindicavisti*. Décider lequel a revendiqué injustement tel sera l'office du juge. Grâce à la *contra vindicatio*, la *vindicatio* a été rendue vaine. Il n'y a pas de raison pour préférer en elles-mêmes l'une à l'autre : *mittite ambo hominem* (G. IV, 16). Au moment où s'ouvre le procès il n'y a donc pas de possesseur. Il ne peut par suite être question de décider si l'un des adversaires peut rester le maître ou s'il doit céder la place à l'autre. Sont en présence deux individus qui se reprochent mutuellement un tort.

24. — On a soutenu, il est vrai, que l'un des plaideurs était en possession. Ce serait, d'après une doctrine, celui qui obtenait les *vindiciæ* (1). Ce serait, d'après une autre théorie, le revendiquant lui-même (2).

La première idée ne nous paraît pas résister à la logique et aux textes. Encore une fois, nulle part, dans les actions de la loi, on ne voit le magistrat avoir un rôle actif, exercer une influence personnelle sur le fond du droit. Accorder à l'un des adversaires la situation de défendeur, eût été agir d'une façon indirecte sur la solution du litige. Cela est contraire à ce que nous savons de son office. Sans doute Gaius nous dit : « *prætor secundum alterum eorum vindicias dicebat, id est interim aliquem possessorem constituebat.* » Il constitue l'un possesseur. Mais remarquons d'abord

1. Not. M. Appleton, *op. cit.*
2. V. Bechmann, *op. cit.*

qu'il y a là une simple explication de Gaius. Qu'il y eût attribution des *vindiciæ* tel est le fait ; quand au *id est*, c'est une traduction moderne de l'auteur. Il ne pouvait s'agir, nous semble-t-il, d'un véritable possesseur à une époque où on ne connaissait pas, qu'elle que fût d'ailleurs cette époque, les interdits possessoires. C'est une simple jouissance « intérimaire », nous dit Gaius lui-même (1). Quel avantage, en effet, pouvait-elle procurer après la solution du conflit ? Supposons que le prétendu possesseur ait fait sa preuve : alors il s'appuiera sur son droit. Sinon, en admettant même que son adversaire n'en ait pas prouvé d'avantage, quel sera son titre ? Le juge ne s'est pas prononcé pour son rival ; mais il ne s'est pas prononcé non plus pour lui. Je parie que tu as agi injustement à mon égard, dit l'un ; je parie que c'est toi, dit l'autre. Or ils ont tous deux agi injustement, puisque ni l'un ni l'autre ne démontre son droit : ils doivent donc perdre tous deux. Aujourd'hui on se contenterait en pareille hypothèse de débouter le demandeur. Mais le défendeur ne deviendrait pas pour cela propriétaire. Il n'aurait d'autre titre que sa possession. Or nous sommes à une époque où la protection possessoire n'existe pas.

Encore une fois, il ne peut y avoir dans cette attribution des *vindiciæ* la consécration d'un droit. Elles appartiennent à qui fournit caution, sans autre enquête sur le fond ; il est

1. Il est d'ailleurs, au point de vue philologique, douteux que « *vindiciæ* » ait désigné originairement la possession provisoire. M. Bechmann (*Studie in Gebiete de legis actio sacramente in rem*, p. 31), remarque que dans la procédure des interdits, cette possession est appelée d'une façon concrète : *fructus*. Or la *stipulatio fructuaria*, la *fructus licitatio* correspond au *vindicias dare*, aux *prædes litis et vindiciarum*. D'ailleurs l'ensemble de la procédure et particulièrement le texte de Festus au mot : *vindiciæ* semblent indiquer que *vindiciæ* ou plutôt *vindicia* désignait originairement l'objet litigieux lui-même (Cf. Aul.-Gell, N. A. XX, 10, 1). M. Bechmann présume que plus tard ces *vindiciæ* signifiaient la jouissance provisoire de la chose.

même probable que c'est seulement quand les parties n'é-
taient point d'accord sur ce point que le préteur intervenait (1)
(Liv., III, 44 : *cedere vindiciis*). Quoi qu'il en soit d'ailleurs
de cette dernière considération, il paraît contraire à la nature
de cette prétendue possession qu'elle ait déterminé les rôles
dans l'instance.

25. — Un autre système, beaucoup plus en faveur actuellement, soutient que le possesseur dans l'instance, que
le défendeur, c'était le revendiquant (2). Il poursuit l'exécution de son droit, c'est vraiment lui qui agit sous les actions
de la loi, beaucoup plus que le préteur, beaucoup plus que
son adversaire lui-même. Ce qui caractérise la *legis actio*,
c'est cette poursuite par le demandeur de son droit : qu'on
songe à la *manus injectio* qui ne suppose pas nécessairement
l'intervention d'un *vindex*; ou surtout à l'*in jure cessio* où
le défendeur fictif a une attitude passive. C'est le demandeur,
l'*actor* qui doit porter devant le tribunal le meuble dont il se
dit propriétaire, comme il devait amener la personne dont
il se disait créancier. Par quels moyens, nous ne savons.
Presque toujours, sans doute, par la force. La violence était
en effet permise contre l'occupant à une époque où on ne
connaissait pas la protection possessoire (3). S'agissait-il d'un

1. Voy. Cuq, *Ancien droit*, p. 448 et note 1. En faveur de la théorie qui
suppose une enquête préalable, on oppose les mots des douze tables :
Si vindiciam falsam tulit. S'il y avait *falsa vindicia*, cela implique, dit-on
une attribution faite à tort par le magistrat. L'argument n'est pas pour
convaincre. Nous avons vu que *vindicia*, originairement c'était sans
doute l'objet litigieux ; *falsam vindiciam ferre* c'était donc apporter en
justice un objet auquel on n'avait pas droit. Il semble impossible de
traduire *ferre* par recevoir, obtenir (cf. Festus, *superstites : vindicias su-
mere*). Comme le dit M. Bechmann (*loc. cit.* p. 34), ce qui correspond à
ces *falsæ vindiciæ*, ce sont les *injustæ vindiciæ* dont parle Cicéron (*Pro
Milone*, 27, 3, 74); or cet « *injustæ* » peut s'appliquer au fait du possesseur, non à l'œuvre du magistrat.

2. V. Bechmann, *op. cit.*

3. Cela nous paraît contestable. Qu'on se souvienne des formalités

immeuble l'*actor* devait, au préalable, expulser le détenteur.
Pourquoi, maintenant, vient-il en justice ? Pour légitimer
son entreprise, pour échapper au reproche de *furtum* (il est
probable qu'originairement la notion de *furtum* s'appliquait
aussi aux immeubles (L. 25, pr. D. *de furtis*, 47, 21. — Gell,
XI, 18, § 20 ; L. 38, D. *de usucap.* 41, 3, 37. — V. Rudorff,
R. R. Geschichte, II, p. 348).

Devant le magistrat, il prononce la formule sacramentelle
afin d'affirmer son droit et de provoquer les prétentions ad-
verses. Ne s'en produit-il pas, soit qu'il n'y ait pas d'adversaire (1), soit qu'il y ait *confessio*, le préteur lui adjuge la
chose. Comment pourrait-il en être autrement, alors que
l'adversaire ne prouve pas son droit ? Il n'est d'ailleurs pas
vrai, dit-on, que le juge eût ou à se prononcer sur deux affirmations contraires. Il n'avait à examiner que ceci : la
contravindicatio est-elle légitime ? C'est là-dessus et uniquement que portait le pari et que devait porter la sentence.

Il faut, croyons-nous, rejeter ce système. L'action n'est
pas simple, comme on le soutient, elle est double. On oublie trop la *contravindicatio* ; on ne veut voir que la *vindicatio*. Sans doute, tant que le procès n'est pas lié, le revendiquant reste maître. Cela pour cette excellente raison
que personne ne vient le troubler dans sa détention. Mais se
présente-t-il un adversaire, mais y a-t-il *contravindicatio*, aus-
sitôtle magistrat dit aux deux parties d'abandonner la chose :
mittite ambo. Il n'y a plus dorénavant de maître. Aussi le
préteur peut-il donner, à l'un ou à l'autre, la jouissance inté-

de la perquisition dans la procédure de l'*actio furti concepti*. D'ailleurs
la violence en ce qui concerne la chose est déjà symbolisée dans la
legis actio in rem.

1. On peut cependant douter très fortement de la possibilité d'une
rei vindicatio unilatérale. Voy. dans le sens indiqué au texte, Bechmann
op. cit.

rimaire. Et la prétendue possession primitive avait si peu d'importance, que plus tard on appelait *possessor* la partie à laquelle avait été confiée cette jouissance, et demandeur son adversaire : « *Olim, cum lege agebatur, pro lite et vindiciis... a possessore petitori dabantur* » (G. IV, 94). Au reste, on ne voit pas sur quoi se serait appuyée cette possession ; il n'y avait pas, par hypothèse, d'interdits possessoires. Elle ne pouvait donc se fonder que sur le *hunc ego hominem*. Mais que fait-on du *hunc ego* de la partie adverse ? Enfin, on arrive dans ce système à ce résultat singulier, que le prétendu propriétaire, alors même qu'il ne prouve pas son droit, reste en possession en l'absence de preuve contraire ; et pourquoi est-il en possession ? Parce qu'il a usé de violence ou de ruse contre son adversaire (1).

N'est-ce pas au reste aller contre le texte et l'esprit du passage de Gaius (IV, 16) que de nier le caractère double de l'action et par suite la nécessité pour chaque partie de prouver son droit ? Partout parallélisme, symétrie dans les affirmations, dans les provocations, dans les questions, dans le *sacramentum*. On dit qu'il y aurait eu non seulement deux, mais bien quatre enjeux s'il s'était agi d'apprécier deux prétentions. Comme si la prétention de chacun n'était pas la négation du droit même de l'autre. Il paraît bizarre aux auteurs qui défendent cette doctrine que le *sacramentum* de l'un puisse être *injustum* sans que celui de l'autre soit nécessairement *justum*. Mais de ce que l'on nie le droit de celui-là, il n'en résulte certes pas un droit pour celui-ci. Il nous paraît au contraire très logique et juste de déclarer *injustum* le *sacramentum* d'un plaideur qui chicane sans fondement les autres après avoir usé contre eux de

1. D'ailleurs on ne nous dit pas comment le revendiquant recouvrait la chose lorsqu'elle avait été confiée à son adversaire.

violence. C'est en tout cas très conforme à l'esprit du droit romain. .

Ainsi, rapport personnel, droit relatif, preuve double. Nous verrons qu'il en était de même dans la vieille procédure franque ; cela se rencontrait encore notamment dans l'ancienne procédure anglaise : *utrum A vel B majus habeat in terra illa* (Gneist, *Selfgovernement*, p. 80) (1).

Nous retrouverons les mêmes idées tout le long de notre étude. Mais elles se manifestent avec plus de précision comme toute idée juridique à une époque formaliste.

26. — Maintenant, comment le juge appréciait-il et comparait-il les moyens de preuve ?

Ihering (Geist, trad., **IV,** p. 102) suppose que « le juge romain, moins esclave de la théorie rigoureuse des preuves, pesait et comparait la vraisemblance des deux causœ ; il demandait aux auteurs respectifs des parties, amenées devant lui, comment ils avaient obtenu la chose. Nul doute que, régulièrement, cette recherche ne lui fît découvrir la vérité, c'est-à-dire qui avait soustrait la chose litigieuse. Mais, alors même que le demandeur n'aurait abouti qu'à démontrer que le défendeur mentait, il lui suffisait de prouver à moitié sa causa pour avoir le bénéfice de la preuve complète. Du moment qu'il prouvait avoir acheté, tandis que le défendeur ou ses auteurs ne pouvaient justifier de leur possession, tout doute devait disparaître de l'esprit du juge sur le point de savoir si les auteurs du demandeur et leurs auteurs avaient eu réellement la propriété. En d'autres termes, déjà dans la procédure ancienne la revendication doit avoir eu souvent l'effet de l'action publicienne. Mais pour qu'elle eût cet effet, pour que le rapport respectif des parties avec la chose fût constaté, il était indispensable que l'un et

1. Nombreux textes dans Heusler, *die Gewehre*, notamment dans le chapitre sur la saisine en Angleterre.

l'autre indiquâssent leur causa ». Ihering rappelle ce passage
de Plaute, Curc., IV, 2, 12 : *Nec vobis autor ullus est, nec
vosmet estis ulli*. Il remarque enfin que « le rôle des auteurs
respectifs présente la même importance dans toutes les législations. Ainsi, dans le droit russe ancien, on demandait
au possesseur illégitime d'où il tenait la chose, c'est-à-dire
quel était son répondant » (*Krit Zeitschr. für Rechtswiss und
Gesetzg. des Ausl.*, XII, p. 73 (1).

Nous croyons que cette page exprime une idée exacte.
Mais il nous semble que le juge ne pouvait faire triompher
l'acquéreur de *res mancipi* que s'il en était propriétaire *ex
jure quiritium*. Sinon, la législation romaine eût abandonné
pratiquement, à propos de la procédure, les règles qu'elle
avait posées ou plutôt qui s'étaient imposées à elle au sujet
du droit. Sans *mancipatio* ou *usucapio* ou *in jure cessio*, pas
de propriété quiritaire possible : le *sacramentum* d'un possesseur de bonne foi nous paraît donc, jusqu'à preuve du
contraire, *injustum*. Le juge devait examiner si l'une des
parties avait le droit de réaliser elle-même extrajudiciairement (*manum depellere, vim dicere*) un droit acquis avec la
garantie expresse ou tacite de la société. Peu importaient la
tradition, le juste titre, la bonne foi.

27. — Maintenant, quelle était la force relative d'une
mancipatio ou d'une *in jure cessio* en conflit avec des titres

---

1. Henschel, *Archiv. f. d. civil, Praxis*, t. IX, 1826, n. 16, p. 318 et sq.,
et Kritz, *Ueber die vindication und die Publician, Klage*, 1831, avaient déjà
soutenu que la preuve à faire dans la *rei vindicatio* était la même que
dans la publicienne. Voy. l'analyse de la doctrine de Kritz dans Pellat
(*Propriété et usufruit*, 2ᵉ édit., p. 154). Pellat traite cette opinion de
« bizarre », mais ne la réfute pas. Ces deux auteurs n'invoquent du
reste que des arguments de textes (notam. L. 7. § 8, D., *de publ. act.*:
« *In publiciana actione omnia eadem erunt, quæ et in rei vindicatione diximus* » qui, pris en eux-mêmes, n'ont pas une valeur suffisante. Voy.
d'ailleurs dans Pellat, p. 147 et sq., le résumé des nombreux systèmes
proposés.

semblables? Si on admet la nécessité pour le demandeur d'une preuve absolue, ces actes ne prouveront rien par eux-mêmes. La procédure nous a paru ne pas impliquer cette nécessité. Nous allons voir que le droit ne l'implique pas davantage, que même elle exclut la possibilité de cette preuve.

Supposons le système du droit absolu : il faudra que celui qui demande établisse la naissance de la propriété par un mode originaire ; il devra retrouver tous les acquéreurs précédents, remonter jusqu'au propriétaire primitif, fabricant, producteur, occupant, ou plutôt, d'après nous, usucapant. Il lui faudra prouver la validité à tous points de vue des actes successifs d'acquisition et de transmission.

§ II. — *Les modes d'acquérir du droit civil.*

28. — La prescription, il est vrai, semble éviter toutes ces recherches. Mais, tout d'abord, elle ne fut sans doute pas à l'origine d'une application générale. Cicéron nous dit que la disposition des XII Tables ne visait que l'usucapion des fonds de terre et non celle des maisons (Top., 4, 23). Or, il n'est pas soutenable que pour des choses non susceptibles d'usucapion, l'occupation ait pu fonctionner. D'une façon générale et en s'appuyant sur le droit comparé, on ne comprend guère, pas plus à l'origine que maintenant, l'occupation comme mode commun d'acquisition des biens. A une époque formaliste, le simple fait de cultiver un champ ne paraît pas une manifestation suffisante de volonté. Alors qu'on ne connaît même pas, pour protéger ce fait, la protection possessoire, comment aurait-on accordé ici la *rei vindicatio?* Le mode primitif nous paraît être bien plutôt soit la loi (cf. le *testamentum calatis comitiis*), soit l'usucapion (cf. l'*usucapio pro herede*). Il s'agissait d'acquérir contre la communauté ou plus tard contre un tiers (1). On présu-

1. En ce qui concerne les immeubles, la mancipation paraît, en gé-

mait que leur consentement tacite équivalait à une autorisation expresse.

. Soit, dira-t-on ; il faut, en principe, la preuve de l'usucapion. Mais cette preuve, relativement facile, suffisait dans les cas et à l'époque où elle fut applicable. Pas toujours. Rappelons-nous que la loi des XII Tables défend l'usucapion des choses volées, et que la notion du *furtum* était sans doute primitivement applicable aux immeubles, dont la loi Plautia rendit plus tard l'usucapion impossible quand ils étaient occupés par violence. On sait aussi que la notion du *furtum* devint si large, qu'elle comprit toute *contrectatio fraudulosa rei alieni*. (1) Or pour que l'usucapion prouvât l'existence d'un droit absolu, il fallait que celui dont on invoquait le titre, n'eût pas commis de *furtum*. Cela supposait des circonstances exceptionnelles. « *In rebus mobilibus*, dira plus tard Justinien, *non facile procedit ut bonæ fidei possessori usucapio competat. Nam qui alienam rem vendit vel ex alia causa tradit furtum ejus committit* » (Inst., lib. II, t. 6, § 3, *in fine*). Hors des hypothèses très rares — aliénation par un mandataire qui ignore la cessation de ses pouvoirs (L. 57, *Mand.*, XVII), par un possesseur de bonne foi d'une hérédité (L. 36, § 1, *de usurp. et usuc.*), — l'usucapion n'aurait donc eu, à notre point de vue, qu'une importance de plus en plus théorique. Elle n'aurait servi qu'au cas de tradition *a domino* d'une *res mancipi*. Elle n'aurait donc nullement épargné au revendiquant la preuve de sa propriété, en remontant jusqu'à l'origine. D'où la nécessité d'exiger simplement la preuve d'un droit relatif et meilleur : ou l'usucapion devait fournir cette preuve à l'égard de tout

néral, aux romanistes comme supposant une législation déjà avancée, consciente de son formalisme.

1. Pour que notre argument ait quelque valeur il suffit que, dès les actions de la loi, l'usucapio *des res furtivæ* ait été impossible ; peu importe d'ailleurs à quelle époque le *furtum* a compris toute *contrectatio fraudulossa* ; notre théorie embrasse en effet tout le droit romain.

autre que le *verus dominus*, ou un simple titre d'acquisition devait être exigé. On n'aurait songé, en organisant l'usucapion, qu'au conflit entre possesseur et *verus dominus*. D'où cette règle que le vice de furtivité était purgé quand la chose rentrait au même titre qu'auparavant dans les mains de celui-ci.

Passons maintenant à la mancipation et à l'*injure cessio*.

29. — Soit tout d'abord l'*in jure cessio*.

L'aliénateur et l'acquéreur comparaissent devant le magistrat. L'acquéreur déclare que tels biens sont à lui d'après le droit des quirites : *hunc ego hominem meum esse aio ex jure quiritium*. L'aliénateur garde le silence. Le magistrat adjuge la chose. L'acquisition est consommée. C'est un acte de procédure transformé en acte juridique. La déclaration de l'acquéreur correspond à la *vindicatio* ; le silence de l'aliénateur, c'est la *confessio*, c'est l'absence de *contravindicatio*.

Nous avons à remarquer :

1° Comme dans l'usucapion, le rôle passif du précédent propriétaire ;

2° Le rôle actif de l'acquéreur.

Il prononce la même formule que dans la revendication. On ne voit pas pourquoi elle n'aurait pas même sens et même effet. Cet effet, l'*addictio* du magistrat le constate : c'est d'attribuer à l'acquéreur la propriété quiritaire. Et comment est-elle acquise ? Par la manifestation — paroles et gestes — de la volonté d'être propriétaire. Je dis que je suis le maître. On doit objectiver son vouloir, le rendre publique, le faire légaliser ; et cette déclaration unilaturale transfère un droit. Cela étonne. Quoi ! l'acquisition de propriété a sa cause, sa cause unique dans les mots et gestes de l'acquéreur. Ce que le magistrat constate c'est la création d'un droit nouveau, ce n'est pas la transmission d'un droit ancien. Un acte simplement déclaratif de volonté fonctionne comme mode d'acquisition dérivée. Que fait l'aliénateur? Il se tait, il abdique, il cède, *cedit in jure*. Aussi a-t-on cherché à exagérer son rôle. Sans doute, dit-on, il se contente d'acquiescer. Mais par là même il transmet son droit. — C'est inexact. parce que c'est contradictoire. Soit, il y a acquisition par transfert. Qu'est-ce à dire? Tout simplement que le preneur acquiert grâce à l'abandon de l'aliénateur. Une abdication, une cession — au sens étymologique — il est impossible, quoiqu'on fasse, de trouver autre chose dans la *confessio*. Ainsi les Romains ont employé un acte déclaratif de droit pour opérer un transfert de propriété.

Une dernière question, et des plus importantes, sur l'*in jure cessio*. Avait-elle un effet absolu ou relatif? Autrement dit le droit acquis était-il ou non opposable à tous? *Confessus in jure pro judicato habetur*. Or *res judicata aliis nocere non potest*. Faut-il en dire autant de ce *confessus* fictif qu'est l'aliénateur? Pour nous, la question est simple. Le propriétaire par suite d'*in jure cessio* a un droit opposable à d'autres que son auteur, mais qu'il ne peut invoquer contre ceux qui avaient déjà un droit sur la chose au moment de l'*in jure cessio*. En d'autres termes, son droit est relatif, comme s'il était consacré par jugement (1). Cela cadre fort bien avec la nature en apparence judiciaire de notre acte. Et d'autre part, cela ne le distingue pas pour nous des autres moyens d'acquérir les *res mancipi*. Mais nos adversaires sont bien embarrassés ; Gaius met sur la même ligne l'*in jure cessio* et la mancipation : celle-ci, dit-on, a un effet absolu, elle rend propriétaire *erga omnes*. Comment celle-là n'en ferait-elle pas autant? Pourtant les décisions judiciaires n'ont qu'un effet relatif, c'est-à-dire, d'après nos contradicteurs, un effet opposable seulement *inter partes*. Voilà une étrange *inelegantia juris*. On l'explique en disant que

1. V. nos 50 et 90.

l'acte apparent, l'*in jure cessio*, tout en empruntant à l'acte réel certains de ses traits, n'est cependant pas astreint à en conserver tous les caractères. (Voy. Ihering, t. III, p. 246; Bechmann, Kauf, 1. 544) (1). Encore faudrait il montrer pourquoi les Romains ont dénaturé un acte au point de lui faire produire par fiction des effets — translatifs, absolus — précisément opposés à ceux qu'il aurait produits en réalité.

Nous trouvons donc dans l'*in jure cessio* une confirmation de l'idée qui voit dans la propriété des *res mancipi* un droit relatif et dans leur acquisition par mode dérivé un acte créateur de droits. L'acte étant déclaratif on n'avait pas à se préoccuper de savoir si l'aliénateur était ou non propriétaire. La force relative des titres devait dépendre uniquement de leur ancienneté comparée (sous réserve, bien entendu, de l'usucapion).

30. — Soit maintenant la mancipation.

Elle s'appelle ainsi, nous dit Gaius, *quia manu res capitur* (voy. Pernice, Labeo, III, p. 98, note 2).

Et il la décrit en ces termes : *is qui mancipio accipit, res tenens ita dicit : hunc ego hominem ex jure quiritium meum esse aio isque mihi emptus esto hoc aere eneaque libra...* (I, 119).

Donc, appréhension de la chose et affirmation de son droit par l'acquéreur, voilà la formalité essentielle. L'aliénateur n'a rien à faire, rien à dire (2). L'acquéreur se crée son

1. Demelius (*Confessio*, p. 104) va encore plus loin. D'après lui, malgré le principe *confessus pro judicato*, la *confessio* n'aurait pas eu force de chose jugée, même *inter partes*. Aussi l'*in jure cessio* le gène-t-elle beaucoup à ce point de vue. Nous ne discuterons pas ici cette théorie spéciale : elle nous paraît résulter d'une fausse analogie entre le *confessus* des actions de la loi et l'*indefensus*. — En notre sens, Voigt, XII, Tafeln II, 50.

2. Sans doute des textes nous le montrent parlant (cf. Pernice *op. cit.*: *Mancipation, Form der leges dictæ*), mais seulement en ce qui concerne les rapports obligatoires des parties. Gaius nous décrit l'acte au point de vue de ses effets réels.

droit en l'affirmant, en le voulant. N'étaient les mots *isque mihi emptus esto* qui sans doute ne se trouvaient pas dans la formule primitive et qui plus tard n'ont plus désigné qu'une cause imaginaire (1), rien ne révèle dans cet acte qu'il s'agit de parfaire une acquisition à titre dérivé.

Nous invoquons l'autorité d'Ihering : « les Romains n'ont point de propriété dérivée, dans le sens du langage juridique — dérivée de Dieu et des hommes — leur propriété est originaire — le propriétaire est son propre auteur — ils l'ont prise comme ils l'ont trouvée. L'acquisition du Romain consistait à *capere*. Pour lui la propriété est ce qu'il a pris avec la main, *manu captum, mancipium* ; lui-même il est le preneur (*herus*) ; la propriété ne se transfère point..., mais l'abandon d'une propriété se concluait, dans la forme, comme dans le fond, au moyen d'une appropriation unilatérale de la part de l'acquéreur (*mancipatio, manu capere*)... Le transfert de la propriété par contrat n'avait point force et valeur par lui-même, mais uniquement parce qu'il se pliait à l'idée du droit de butin. La propriété n'est autre, dans son origine, que le droit sur l'objet capturé : elle ne naît que de la capture du butin. Lors donc que quelqu'un, au lieu d'aller prendre sur l'ennemi la chose dont il a besoin, s'adresse, pour l'acquérir, à un associé, et que celui-ci consent à la lui transférer, non seulement à titre de possession, mais comme propriété, c'est-à-dire « comme sienne d'après le droit de butin », le changement ne peut s'opérer qu'au moyen d'un acte dans lequel celui qui a acquis la chose sur l'ennemi se la laisse enlever par le nouveau détenteur, lequel remplit ainsi le rôle de celui qui a capturé la chose » (t. I, p. 111 et sq.).

Nous verrons, dans notre partie critique, qu'il est possible

---

1. Cf. Karlowa, *Röm. Rechtsg.* II, p. 368.

et nécessaire de transposer cette idée et de la généraliser. Ramenant, comme la plupart des juristes allemands, le droit à la force, Ihering exagère et fausse peut-être un peu le caractère de la mancipation. Sans doute les Romains, comme dit Gaius, *maxime sua esse credebant, quæ ex hostibus cepissent*, et c'est pour cela que dans la revendication « *festuca utebantur quasi hastæ loco, signo quodam justi dominii* ». Peut-on en conclure que pour eux la propriété reposait essentiellement sur la force ? Soit, tant qu'ils n'étaient pas organisés en société. Mais alors la lance ne leur donnait qu'un droit toujours provisoire et précaire. Et si la lance reste pour eux le symbole du droit, c'est que la prise sur l'ennemi leur assurait seule à l'égard de leurs concitoyens une propriété indiscutable, tandis que les biens acquis par eux d'autres Romains ne leur donnaient jamais, comme nous essayons de le démontrer, que la certitude d'un droit relatif. Ainsi le passage *festuca utebantur* confirme sérieusement notre thèse. Ce qui semble bien prouver que la propriété romaine n'avait pas pour fondement la violence c'est notamment, l'usucapion. Par son caractère simple, par sa structure élémentaire, elle paraît plus vieille que la mancipation. En tout cas elle s'applique à des biens auxquels la mancipation ne put certainement pas s'adapter de suite. Or, le fondement de l'usucapion, c'est le consentement tacite des tiers. Le possesseur devient propriétaire parce qu'il l'a voulu et manifesté, mais sa volonté pacifique ne devient évidemment efficace que parce qu'elle est en harmonie avec la volonté commune. De même, dans la mancipation, l'acquéreur devient propriétaire parce qu'il le veut, mais ici encore sa volonté ne lui donne un droit que grâce au consentement tacite de l'aliénateur qui abdique et peut être primitivement de la *gens* dont celui-ci faisait partie. L'acquéreur reconnaît lui-même que cette manifestation de sa volonté, cause de son droit, n'est utile que parce qu'elle est conforme au droit de la cité, *ex jure quiritium*.

Quoi qu'il en soit, le mécanisme de la mancipation la ramène, comme on l'a dit, à une sorte d'occupation : on a même dit : une occupation véritable ou encore une occupation déguisée. C'est excessif : cette façon de parler vient de ce qu'on considère l'occupation comme ayant été le premier mode d'acquérir. C'est pour nous historiquement et logiquement faux (1). En tout cas, la mancipation n'est pas un mode d'acquérir originaire, parce que précisément elle intervient à la suite d'une convention translative. Mais malgré cela, l'individu y acquiert un droit, parce qu'il se le crée à lui-même. Cela, nous le constatons. Nous essaierons plus tard de le justifier.

On répond que par ses gestes et ses paroles, il rend simplement public un droit acquis. C'est une question de mots. Publier son droit ou le créer, cela n'est qu'un. Il n'y a de droits opposables que ceux qui ont une existence objective. L'argument n'aurait une certaine valeur que si la mesure de publicité dont on parle n'était pas nécessaire à la création même du droit. Remarquons enfin que les paroles prononcées on les retrouve dans la *rei vindicatio* et dans l'*in jure cessio*. Pourquoi n'auraient-elles pas dans ses trois actes même sens et même portée ?

31. — Ainsi partout, acquisition sans transfert : droit nouveau, droit relatif. Une garantie particulière à la mancipation nous paraît confirmer notre idée : c'est l'*actio auctoritatis*. Son effet : « *res empta, mancipatione et traditione perfecta, si evincatur, auctoritatis venditor duplotenus obligatur* » Paul, II, 17, 3. C'est donc la faculté, en cas d'éviction, d'exercer contre l'aliénateur une action tendant à lui faire obtenir le double du prix d'achat. Il l'exerce parce que

1. V. n° 64.

celui-ci ne lui a pas servi d'*auctor*. Qu'est-ce qu'un *auctor* ?
M. Girard répond : « Celui qui intervient dans une situation
pour fortifier, compléter ». Le professeur invoque en ce
sens : « l'étymologie *augere*, augmenter, accroître, compléter, parfaire ». Ici, c'est « celui qui augmente par son assistance la situation du défendeur à la revendication... On a
fort heureusement comparé cette assistance à celle que le
tuteur fournit au pupille ». Il s'agit donc de fortifier une situation. Il nous semble de plus qu'il s'agit d'une assistance
utile, non seulement en fait, mais en droit. En d'autres
termes, ce n'est pas parce que l'aliénateur peut fournir au
juge des renseignements qu'il intervient ; c'est parce qu'il a
à jouer dans la procédure un rôle qu'il peut seul jouer. En
effet, il intervient déjà devant le magistrat (Cic., *pro Murena*
XII, 26 : *quando in jure te conspicuo postulo anne fuas auctor*). Or pour donner de simples renseignements, il lui eût
suffi de comparaître *in judicio*. Il ne lui aurait même pas été
nécessaire de le faire s'il avait auparavant fourni à son
ayant-cause les moyens de défense utiles. Il avait donc
un rôle spécial. Lequel ? C'était et ce ne pouvait être que
celui de faire valoir son propre droit. Les Romains, quand
ils organisèrent l'*actio auctoritatis*, n'étaient pas encore
parvenus à concevoir la possibilité pour l'acquéreur de le
faire valoir lui-même. Dans des législations moins avancées,
le vendeur prend tout simplement la place de l'acheteur (Cf.
Girard, *op. cit.*, p. 187, note 1). Il s'agissait en effet pour lui
d'échapper à la peine d'un délit. Les Romains, eux, connais-
saient alors l'idée d'acquisition, ils ignoraient celle de transfert. Nous verrons plus tard, en effet, qu'elle suppose la
mise en œuvre de principes d'équité qui étaient étrangers au
rude *jus quiritium*.

Et cette intervention de l'auteur n'était pas toujours né-

____

1. M. Girard, Garantie. *Rev. Hist. de R. fr.*, 1882, p. 180 et s.

cessaire. En effet, elle est constatée à la suite d'une sommation, adressée par l'acquéreur au mancipant dans la forme: *quando in jure te conspicuo postulo...* Quand le plaideur la réclamait-il ? « Dans les notes de Valerius Probus relatives aux *legis actiones,* nous dit M. Girard, les termes : Q. I. I. T. C. P. A. F. A. = *quando in jure...,* suivent immédiatement *secundum suam causam* ». Il demande à son auteur d'indiquer son titre, d'affirmer son droit, au moment où les deux adversaires s'efforcent de paralyser réciproquement la *vindicatio* et la *contravindicatio.* L'utilité de cette *auctoritas* dépend donc de la force des prétentions affirmées par l'adversaire.

Notre action confirme ainsi, en même temps que l'idée de droit nouveau, l'idée de droit relatif.

32. — On peut se demander si ces notions juridiques ne se sont pas trouvées transformées par la procédure formulaire et plus tard par la procédure extraordinaire.

Mais remarquons que les actes d'acquisition dont nous avons parlé ont survécu aux *legis actiones.* Ils étaient toujours les seuls jusqu'à Justinien qui pussent faire acquérir la propriété quiritaire.

Quand à la transformation des formes de la revendication, Ihering remarque que « le fond du droit vient témoigner de la prépondérance de la procédure ». Et cette prépondérance est si grande que quand « la procédure change, les règles du fond du droit créées par elle 'ou pour elle se conservent » (t. IV, p. 16). La raison en est simple : cette prépondérance, la procédure l'a méritée en puisant ses règles dans les nécessités pratiques. Si l'action influe sur le droit, c'est quelle se confond avec lui, qu'elle a été formée pour lui et en vérité par lui. On l'a saisi en quelque sorte sur le vif au moment où il se manifeste.

D'ailleurs, le changement fut plus formel que réel. Les lois

Æbutia et Julia rendaient l'action plus simple, moins périlleuse. Elles ne purent en modifier le caractère. Il aurait fallu pour cela transformer l'état social et le droit qui en résulte.

Les modes d'acquérir sont restés, et de même le droit qu'ils créent. Comment leur valeur juridique aurait-elle changé ? Il n'y a plus, dira-t-on, qu'un demandeur. Soit, mais ce demandeur justifie sa prétention, comme auparavant, par son titre. Que son adversaire fasse la preuve d'un droit meilleur. Il n'y a plus de *vindicatio* ni de *contravindicatio*. A quoi bon ? C'étaient depuis longtemps de vains gestes. On les relègue dans les « *informes* », dans les libres explications devant le magistrat. Il y a dorénavant un possesseur et un demandeur, grâce aux interdits. De quand datent-ils ? Nous ne savons. En tout cas, les actions de la loi ont encore fonctionné depuis leur création, après même la loi Æbutia (Voy. sur ce point Bechmann, *op. cit.*). Et d'ailleurs cela n'empêchait pas l'action d'être un *judicium duplex*, sinon dans la forme, du moins au fond. Le préteur, en accordant l'interdit, fait simple œuvre de police : il veut qu'on laisse en paix celui qui possède *nec vi nec clam nec precario ab adversario*. Autrefois, il intervenait à propos d'une revendication ; ici, en dehors de tout procès sur le fond. Qu'importe à notre point de vue ? Et ce qui le prouve, c'est qu'à l'obligation ancienne de fournir les *prædes litis et vindiciarum*, correspond maintenant pour le possesseur celle de donner la *cautio judicatum solvi*.

Ainsi évolution de forme. L'*intentio* le montre : le *si paret…* est une simple transposition du *hunc ego hominem….* Et si le défendeur n'a rien de tel à dire, il est si vrai qu'il doit quand même au fond *contra vindicare*, se défendre enfin que s'il ne le fait, si aux affirmations de l'adversaire, il n'oppose aucun acte contraire, il devient *confessus* et la chose est adjugée au demandeur (Voy. Demelius, *Confessio*, pp. 116 et sq., 174 et sq.).

Donc, des deux adversaires, triomphe celui qui prouve en sa faveur un droit plus fort. La possession ne restera au défendeur, à celui qui a fourni la *cautio judicatum solvi* qu'à défaut de toute preuve (Instit. *de interd.* 4).

33. — Veut-on d'ailleurs des textes qui montrent que notre idée est restée vraie dans tout le droit romain ? C'est d'abord un passage bien connu de Suétone, Galba, c. 7 : *Cum de proprietate jumenti quæreretur levibus utrimque argumentis et testibus ideoque difficili conjectura veritatis ita decrevit.* Ainsi preuve facile et preuve double. Ouvrons d'ailleurs simplement les Institutes de Justinien, *de actionib.*, §2, *in fine* : « *Actiones in rem sunt, veluti si rem corporalem possideat quis, quam Titius suam esse affirmet et possessor dominum se esse dicat* ». Affirmation double. Citons aussi là loi 4 C. *de probationib.*, 4, 19 : *Proprietatis dominium non tantum instrumento emptionis, sed ex quibuscumque aliis legitimis probationibus ostenditur :* un *instrumentum emptionis,* voilà donc une preuve par excellence. Ce ne peut être évidemment que celle d'un droit meilleur. La loi 16, au même titre, ne laisse pas de doute ; elle nous montre en effet que le défendeur doit établir de quelle manière il a acquis.

On objecte le § 4 *de int.* des Instit. : *si actor non potuerit suam esse probare, remanet suo loco possessio.* Il faut, dit-on, que le demandeur prouve son droit, tout son droit. Sans doute, mais quelle est cette preuve, quel est ce droit ? Voilà la question. C'est certainement un droit relatif ; la fin du texte l'explique : *cum obscura sunt utriusque jura, contra petitorem judicari solet.* (1)

1. Remarquons d'ailleurs : 1° Que l'action en garantie suppose une éviction (donc un droit chez celui qui en profite).

2° Que le vendeur devait seulement *vacuam possessionem tradere.* L'acheteur avait en effet acquis un droit malgré qu'un tiers eût le *verum dominium.*

§ III. — *La Publicienne.*

34. — De cette façon s'explique, à notre avis, un autre fait qui vient encore confirmer notre thèse. M. Appleton soutient que la Publicienne finit par absorber et par remplacer l'action civile de propriété. Or, en premier lieu, il est certain que cette Publicienne est toujours restée théoriquement distincte de la *rei vindicatio.* Un titre spécial lui est réservé soit au Digeste, soit au Code. Gaius, dans ses Institutes, lui consacre une place à part au milieu des actions prétoriennes fictices. La coexistence des deux moyens de procédure jusque dans les compilations de Justinien est déjà pour nous faire hésiter sur leur fusion. D'autres institutions rivales prennent place, il est vrai dans ces textes quoiqu'en fait l'une d'elles ait fait disparaître l'autre. Mais alors Justinien a bien soin de consacrer, plus ou moins utilement d'ailleurs, la pratique de son temps. C'est ainsi qu'il décida la fusion de l'*usucapio* et de la *præscriptio longi temporis* (L. unic. C. *de usuc. transf.*, VII, 31). De même, par exemple, il supprime l'antique distinction entre l'*in bonis* et le *nudum jus quiritium* (l. unic. C. *de nudo ex jure quiritium tollendo*). Pourquoi n'a-t-il pas employé en notre matière son procédé habituel ? C'est que, sans aucun doute, il ne pensait même plus à la Publicienne ; elle n'existait plus de son temps que dans les écrits des jurisconsultes classiques. En veut-on la preuve ? Nulle mention, dit M. Ermann (1), ne s'en trouve dans les Institutes. Il a remarqué en outre qu'il n'en est rien dit dans aucun des recueils pratiques qui sont parvenus jusqu'à nous, Sentences de Paul, Code de Théodose, Bréviaire d'Alaric. Il fait observer que le Code ne montre jamais comme objection à une usucapion invoquée l'affirmation d'une perte anticipée de la possession, mais seulement des allégations qui auraient ruiné aussi la Publicienne, à savoir qu'il s'agit d'une chose volée ou *vi*

1. *Beiträge zur Publiciana, Z. Sav. St.*, 1890, p. 240.

possessa. Il conclut que la revendication des rescrits impériaux est sans doute la civile, car l'usucapion est dite en détruire l'*intentio.* Or elle laisse intacte celle de la Publicienne qui devait être repoussée au moyen d'une exception.

Comment expliquer cette indépendance théorique des deux actions, cette inexistence pratique de la Publicienne?

M. Ermann l'explique ainsi : pour les principaux objets de propriété, les esclaves et les fonds, l'*usus* d'un ou deux ans n'était qu'une partie insignifiante du temps pendant lequel en moyenne les choses restaient dans le même patrimoine. Alors on ne préférait guère la Publicienne à l'action normale de propriété. Car son unique avantage aurait été de dispenser le demandeur de prouver sa possession pendant un ou deux ans.

Que les esclaves et les fonds restassent en général un ou deux ans dans le même patrimoine, c'est l'affirmation d'un fait que nous ne pouvons pas discuter. Mais en dehors de ces deux objets de propriété il y en a d'autres. On ne soutiendra pas que les choses de production, de consommation, de circulation restassent toujours aussi longtemps dans les mêmes mains. Or on ne connaissait pas à Rome la règle : en fait de meubles possession vaut titre. Et au contraire les *res furtivæ* y étaient insusceptibles d'usucapion.

Que dire maintenant si nous quittons le domaine de l'usucapion pour passer dans celui de la *præscriptio longi temporis?* Que dire encore si nous arrivons à l'usucapion de Justinien ? Comment expliquer pour tous ces cas de longue prescription l'absence et par conséquent l'inutilité de la Publicienne ? Nécessaire à sa création, pourquoi est-elle devenue plus tard superflue alors que les relations s'étaient compliquées, élargies et que le délai de la prescription s'était notablement allongé ? La nécessité d'une preuve facile augmentait : la facilité de cette preuve aurait en même temps diminué.

M. Ermann répond : c'est que le droit romain ne se souciait pas ou du moins se souciait à peine des questions de preuve. Ainsi, et pour citer l'exemple le plus frappant, les juristes admettent couramment comme possible la revendication des monnaies (Voir notam. D. 23, 2, 67 Proculus).

Sans discuter la valeur pratique des textes invoqués ni le sens qu'y reçoit le mot *vindicare* nous répondrons simplement : le raisonnement de M. Ermann démontre tout au plus la facilité de la preuve à Rome ; il n'en prouve pas l'inutilité. Or, en supposant nécessaire la prescription, on comprend que les praticiens se soient montrés fort peu exigeants pour la justification des faits de possession ; on ne comprendrait pas qu'ils en eussent dispensé le demandeur. C'est cependant ce qu'ils auraient fait si, en l'absence d'une théorie aux contours définis en matière de preuves, ils avaient tenu pour démontrée par des faits récents une possession décennale. Nous répondrons encore que le raisonnement de M. Ermann prouve trop. Il irait en effet jusqu'à mettre en doute l'utilité originaire de la Publicienne. Elle n'eût été qu'une action de luxe si le juge avait pu, quand il lui plaisait où à peu près, tenir l'usucapion pour démontrée.

Il reste donc à savoir pourquoi cette action fut créée et pourquoi elle a disparu.

Nous allons trouver dans cette recherche de nouvaux arguments, très puissants, en faveur de notre doctrine.

Résumons maintenant les résultats obtenus.

1° Les divers modes d'acquisition créent par eux-mêmes un droit relatif.

2° La tradition de bonne foi ne constitue pas un titre.

35. — Qu'a fait la Publicienne ?

Et d'abord, qu'est ce que la Publicienne ? Nous disions, dès le début, que nos anciens commentateurs n'auraient pu rattacher leur doctrine à une théorie plus obscure. Il existe en effet sur cette question un nombre considérable de systèmes, et on ne peut pas dire qu'un seul d'entre eux s'impose.

On peut ramener ces doctrines à trois principales.

1. D'après M. Appleton et M. Ermann une seule Publicienne aurait protégé le propriétaire bonitaire — celui ayant reçu simple tradition d'une *res mancipi* — et le possesseur de bonne foi.

2. D'après une seconde série de systèmes il y aurait eu jusqu'à Justinien deux Publiciennes, l'une pour le bonitaire, l'autre pour le *bonæ fidei possessor*. Généralement on admet qu'il y avait deux édits (Lenel, *Beiträge*, p. 1 sq. *Edictum*, p. 129-132. — Wlassak, *Edict und Klageform*, p. 78, A. 14. — Cohn, *Krit. Vjschr*, XXIV. p. 30-31. — Cf. Schulin, *Röm. Rechtsg.* 1889, p. 312-314). Récemment Lenel admet, à côté de l'édit du bonitaire, une simple formule pour le *bonæ fidei emptor*.

3. Enfin, selon M. Brezzo (*Rei vindicatio utilis*, p. 55 ; *Archivio Giur.*, t. XLIII, p. 271 sq.) la Publicienne n'aurait protégé que l'acquéreur de bonne foi *a non domino*. Le propriétaire bonitaire aurait revendiqué avec une autre fiction, sans doute avec la fiction *ac si res mancipio data esset*.

36. — Nous nous rallions à la première doctrine : une formule, un édit. Elle est en harmonie avec l'idée que nous avons rappelée tout à l'heure : l'acte d'acquisition créant par lui-même le droit. Elle se fortifie singulièrement par cette notion en même temps qu'elle la confirme ; s'il est vrai que l'existence du droit, sinon sa force était déjà, à l'époque de Publicius, indépendante de son existence chez l'aliénateur il est naturel de penser que le préteur n'a pas distingué dans son édit l'acquéreur *a domino* de l'acquéreur *a non domino* ; et, d'autre part, s'il ne l'a pas fait, n'est-ce pas là un argument bien solide à l'appui de la similitude antérieure des deux situations ? Attribuer à la tradition de bonne foi des effets analogues à ceux qui découlaient auparavant pour les *res-*

mancipi de la mancipation et de l'*in jure cessio*, voilà, à notre avis, ce que le préteur a voulu.

37. — Résumons maintenant les principaux arguments de texte présentés à l'appui de la théorie qui défend l'unité de la Publicienne.

On lit dans Gaius, 4, 36 : *Item usucapio fingitur in ea actione quæ Publicania vocatur ; datur autem hæc actio ei qui ex justa causa traditam sibi rem mundum usucepit eamque amissa possessione petit. Nam quia non potest eam ex jure quiritium suam esse intendere, fingitur rem usucepisse, et ita quasi ex jure quiritium dominus factus esset intendit, veluti hoc modo : judex esto, si quem hominem A. Agerius emit et is ei traditus est, anno possedisset, tum si eum hominem de quo agitur ex jure quiritium ejus esse oporteret.. »*

Si l'on s'en tient à ce texte, une seule action, une seule formule. Une action au profit de l'acquéreur par simple tradition. Une formule avec la fiction d'une usucapión accomplie.

D'après Gaius, donc :

1° Le préteur ne distingue pas entre l'acquéreur *a domino* et l'acquéreur *a non domino* ;

2° Il ne suppose pas une chose acquise *a non domino* par mancipation ou *in jure cessio*. Son hypothèse est celle d'une simple tradition.

M. Brezzo, pour qui la Publicienne n'a jamais protégé que l'acquéreur *a non domino* invoque tout d'abord (D. 6. 12. 17) : *« Publiciana actio non ideo comparata est, ut res domino auferatur : ejusque rei argumentum est primo æquitas, deinde exceptio « si ea res possessoris non sit », sed ut is qui bona fide emit possessionemque ejus ex ea causa nactus est, potius rem habeat. »* Le jurisconsulte italien raisonne ainsi : l'acheteur de bonne foi, *« qui bona fide emit »*, est évidemment un acquéreur *a non domino*, puisque sa Publicienne échoue toujours contre l'exception « *si ea res possessoris non sit* ». A cela M. Ermann répond : la notion de bonne foi était infiniment plus importante et plus susceptible de commentaires pour l'acquéreur *a non domino* que pour le bonitaire. Et ainsi le *qui bona fide emit*, tout en désignant les deux personnes comme acheteurs de bonne foi pourrait n'avoir été commenté par Nératius qu'en vue du seul acquéreur *a non domino*.

La réponse est embarrassée. Mais faut-il attribuer tant d'importance à ce texte ? Le jurisconsulte explique que la Publicienne n'est pas injuste, qu'elle n'enlève pas au propriétaire sa chose. Et en effet, dit-il, il y a l'*exceptio justi dominii*. Mais échoue-t-elle nécessairement en présence de cette *exceptio* ? Neratius ne le dit point et le contraire est certain, car l'*exceptio* pouvait être paralysée par une réplique *rei vendita et traditæ* et de plus on sait — M. Ermann le rappelle très heureusement ailleurs — que l'*exceptio dominii causa cognita datur* (D. 17. 1, 57). C'est donc que le préteur avait l'intention de faire triompher assez souvent le Publicien contre le propriétaire civil. Sans doute cette *causæ cognitio*, quoi qu'en dise M. Ermann, n'aurait pas été superflue même vis-à-vis d'une formule ne protégeant que l'acquéreur *a non domino :* nous sommes en effet dans une matière toute d'équité. Mais elle s'explique infiniment mieux pour l'acquéreur *a domino*. Si d'ailleurs l'action n'avait été créée qu'à l'usage de l'*accipiens a non domino* et si elle avait toujours échoué en présence de l'exception *justi dominii* le préteur n'aurait-il pas agi plus simplement et naturellement en refusant de la délivrer contre un propriétaire *ex jure quiritium ?*

M. Brezzo oppose encore, notamment, D. 9. 2. 1. pr. et 7 § 11.

Le texte D. 6. 2. 1. pr. est ainsi conçu : « *Ait prætor : si quis id quod traditur ex justa causa non a domino et nondum usucaptum petet judicium dabo.*

L'argument est tiré du *non a domino.* Mais ce *non a domino* est très certainement interpolé (V. Cuq. *Rev. Hist.*, 77, p. 627). La preuve du tribonianisme résulte surtout du rapprochement de notre texte avec D. 6. 2. 7 § 2 et 4 où Ulpien applique l'édit au cas d'acquisition *a domino* sans dire que ce soit contraire à son texte. Dans D. 6. 2. 7 § 11 il remarque de plus que l'acheteur de bonne foi a la Publicienne, même quand il a acquis *non a domino*, donc *a fortiori* dans l'hypothèse inverse. Enfin dans G. 4, 36 il n'est pas dit un mot du *non a domino.*

M. B. invoque en dernier lieu le *qui bona fide emit* de D. 6. 2. 7 § 11. Nous examinerons ce texte tout à l'heure en combattant la dualité prétendue de la Publicienne.

C'est d'ailleurs tout à fait arbitrairement que M. B. suppose une fiction de mancipation ou d'*in jure cessio* au profit du bonitaire. Cette fiction dont on ne trouve pas trace, d'un acte juridique accompli eût été beaucoup plus hardie, beaucoup moins conforme au génie romain qu'une fiction portant sur un simple fait.

Passons maintenant à la théorie dualiste. Elle s'imposerait d'après Lenel ; elle serait le seul moyen de concilier D. 6. 2. 7 § 11. Le premier texte exclurait l'acquéreur *a non domino*, le second l'acquéreur *a domino.*

D. 6. 2. 1 pr. : *Si quis id quod traditur ex justa causa non a domino et nondum usucaptum petet judicium dabo.*

Pour Lenel le véritable texte serait : *Si quis id quod mancipatur traditum ex justa causa a domino.*

Nous ne pouvons accepter cette restitution.

Pourquoi le *non a domino* remplacé par *a domino ?* Rien ne le justifie (V. Ermann, *loc. cit.*, p. 228). Que faire alors du *non solum emptori bonæ fidei* de D. 6. 2. 3 § 2 ? Enfin, cet édit ne serait pas applicable à l'ayant-cause d'un Publicien.

Quand au *id quod traditur* nous n'insisterons pas sur les critiques qui lui sont faites au point de vue grammatical ni sur les justifications qu'on en a proposées d'autre part (V. Carusi, *Azione Publiciana*, p. 29, 30. — Buonamici, *Archivio* XLIII, p. 273. — Ermann, *loc. cit.*, p. 229 et sq.) ni sur les corrections arbitraires qu'on en a tentées (Ermann, *loc. cit.*, p. 232 et note). Ces discussions philologiques n'ont pas donné de résultat appréciable.

38. — Passons à D. 6. 7 § 11. Ulpien : *Prœtor ait : qui bona fide emit.* Ici la discussion prend son caractère le plus intéressant pour nous et de l'explication des mots : *qui bona fide* dépend en partie, on va le voir, le sort de notre théorie **générale** sur l'acquisition du droit de propriété romaine. Cette théorie, d'autre part, nous semble devoir faciliter l'explication du texte d'Ulpien.

Mais d'abord ces deux mots appartenaient-ils à une formule ou à un édit ? A un édit, répond-on généralement (V. Lenel, Wlassak, Schulin). A une formule, dit maintenant Lenel (*Palingénésie*, II, p. 512, n° 6) : *non possunt esse edicti verba; in edicto enim prœtor aut emerit aut emisset dicetur.*

L'hypothèse est plausible, mais bien loin d'être prouvée. On voit des édits en ce sens (V. Ermann, *loc cit*, p. 233, note 4). Peut-être encore y avait-il primitivement *emerit* (V. B. p. 234 et note 1). D'ailleurs *si emit* convient mal à un édit, le *qui* convient mal à une formule. Enfin le *prœtor ait* nous paraît plutôt annoncer un édit.

Quoi qu'il en soit de la place du *bona fide*, qu'elle en était la signification ?

Si on adopte le système de Brezzo ou de Lenel ce texte ne fait pas difficulté : *qui bona fide emit*, c'est celui qui a acquis *a non domino*. Mais cette traduction moderne est un contre-sens : par *qui bona fide emit* le préteur entendait aussi parler du bonitaire : la *bona fides* a pour lui un sens objectif (cf. Brinz, *zum Recht der b. f. possessio*, p. 8, 86, 89 sq., 99 s. — Hartmann, *Kr. Vjschr.* XVIII, p. 164. — Bechmann, *Kauf.* 1. p. 388. — Ermann, *loc. cit*). Cela résulte déjà de notre texte même d'Ulpien, 6. 2. 7 § 11 : *non igitur omnis emptio proderit, sed ea quæ bonam fidem habet : prounde hoc sufficit me bonæ fidei emptorem fuisse, quamvis non a domino emerim*. Ainsi il est nécessaire, mais il suffit que j'aie été de bonne foi quoique j'ai acheté *a non domino*. Il faut donc être de bonne foi, même quand on a acquis *a domino*. On trouvera dans le même sens D. 48. 5. 28. 51 : *bonæ fidei emptorem quamvis ab eo emerit qui dominus non est*, et surtout D. 41. 4. 8, Julien : *si quis, cum sciret venditorem pecuniam statim consumpturum, servos ab eo emisset, plerique responderunt cum nihilominus bona fide emptorem esse, idque verius est ; quomodo enim mala fide emisse videtur, qui a domino emit? Nisi forte et is, qui a luxurioso et protinus scorto daturo pecuniam servos emit, non usucapiet*. Il s'agit de l'usucapion du bonitaire. Tous les juristes sont d'accord que pour usucaper il a besoin de bonne foi. Mais la controverse portait sur le contenu de cette bonne foi. D'après la plupart, notamment Julien, cette bonne foi consistait dans le fait objectif d'avoir acquis du propriétaire : *Quomodo enim mala fide emisse videtur qui a domino emit*. D'autres exigeaient pour le bonitaire une bonne foi spéciale.

39. — Ainsi la bonne foi est nécessaire au bonitaire comme au simple possesseur. C'est elle et non la situation de l'auteur qui crée le droit de l'ayant-cause. Seulement on finit par objectiver cette bonne foi, la confondant en quelque sorte avec le fait d'acquérir *a domino*, ou plutôt on finit par la préciser, par la délimiter, en faisant la croyance juste ou erronée en la propriété chez l'aliénateur. Sur cette croyance, sur cette bonne foi est fondé le droit de l'acquéreur, comme il était déjà fondé avant Publicius sur l'observation de certaines formes. Ainsi les deux aspirants à l'usucapion se confondaient comme se confondaient et parce que se confondaient à l'époque de Publicius ceux qui n'avaient pas besoin de son édit. Faute de ce point de départ on ne comprend pas pourquoi l'édit ne visait pas également la mancipation (1).

C'est là que la théorie de M. Ermann rejoint celle que nous défendons. Et cette explication qu'il donne après Brinz de la *bona fides* est la véritable raison qui nous fait nous maintenir ferme au terme de Gaius et repousser tous les systèmes dualistes. Tous sont faux, car tous supposent que *bona fide emere* équivaut nécessairement à *a non domino emere*.

Pour la même raison, nous repoussons la doctrine de Brezzo qui, invoquant le *bona fide emere*, en déduit une Publicienne unique ne protégeant que le possesseur de bonne foi.

Nous nous en tenons donc au texte de Gaius, le seul certainement pur.

40. — Toutefois, il nous faut encore, pour rendre complète la discussion, rappeler certaines objections, à notre avis peu importantes, faites à la doctrine unitaire par Lenel et les réponses qu'on y a opposées.

Lenel, Beiträge, p. 49 et sq., fait valoir en faveur de la Publicienne du bonitaire : *si quem hominem a domino emit* qu'elle aurait donné une protection plus solide que la *bonæ fidei Publiciana*, exposée à l'*exceptio dominii* et que, de plus, elle aurait pour l'acquisition des esclaves, assuré le traite-

---

1. Appleton le croit, mais sans preuves, I, 07, 87. *Contrà* Schirmer, *Kr. vschr.*, XXXII, 485.

ment plus avantageux du bonitaire. A cela M. Appleton répond.

1° Pour les esclaves, que chaque vainqueur dans la Publicienne obtenait pleine restitution comme dans la revendication : *in Publiciana actione omnia eadem erunt quæ et in rei vindicatione diximus* (Ulp., D. 6, 2, 7 § 8. V. Appleton, n° 20).

2° Quant à l'*exceptio domini* il fait valoir la *replicatio rei venditæ et traditæ* (n° 25). M. Ermann répond, en outre, que l'*exceptio domini* n'était accordée que *cognita causa*.

Nous ajouterons encore une fois que, à ce qu'il nous semble, la formule de Lenel *si a domino emit* aurait difficilement protégé l'ayant-cause d'un Publicien.

Envisageons maintenant l'hypothèse inverse, où le défendeur n'agit pas comme propriétaire, mais soutient seulement être acquéreur publicien. Avec la formule de Lenel il l'emporterait certainement. *Quid* avec celle d'Appleton et d'Ermann ? M. A., fait valoir contre l'exception publicienne du possesseur la réplique : *se a domino emisse* (n° 217 sq.). Mais M. Brezzo (*Rei vind. ut.*, p. 124 sq. Archivio XLIII, p. 285), en nie l'existence. Pourtant n'y a-t-il pas, comme le dit M. A., un *a fortiori* en faveur d'une *exceptio possessionis Publiciana* à tirer de l'*exceptio dominii* (A., II, p. 12) ? Comment admettre que l'on aurait triomphé plus facilement du *dominus* que du Publicien ? Ensuite l'auteur argumente d'Ulpien D., 43, 18, 1, § 4 : *dicendum est exceptione utendum in factum data, nam cui damus actionem, eidem et exceptionem competere multo magis quis dixerit*. Ainsi : parce que le préteur promet une *actio in factum*, il donne par là même une *exceptio in factum*. Il s'agit dans notre texte du droit de superficie. Il y en a un autre dans le même sens pour le *pignus* (*Marcian.* D., 20, 4, 12 pr. Cf. Gaius, D. 20, 4, 11 § 4. Severus, C. 8, 32, 33, 1). Pourquoi n'en serait-il pas de même pour l'*actio Publiciana* ?

Or, puisque contre la *Publiciana actio* l'*exceptio domini* triomphe, M. Appleton présume avec raison une réplique d'acquisition de propriété contre cette exception.

Il invoque en ce sens les deux textes biens connus qui s'occupent du conflit entre acquéreurs Publiciens.

D., 6, 2, 9, § 4. Ulp. Lenel, 570. La question dans ce texte est de savoir : *quis magis Publiciana uti possit.* Il y a Publicienne contre Publicienne, exception contre action : *potior sit cui priori res tradita sit.* Ce texte suppose le jeu d'une *replicatio rei venditæ* contre une *exceptio publiciana.*

Si ce texte prouve l'*exceptio,* celui de Nératius (D., 19, 1, 31, § 2. Lenel, 21), démontre la réplique d'acquisition de propriété (1).

Dans ce texte d'ailleurs, Nératius semble penser à une seule et même action qui protège l'acheteur *a non domino* comme l'acheteur *a domino.*

Enfin M. Appleton, au n° 25, remarque que la Publicienne bonitaire de Lenel aurait exigé au début du procès, contre tout possesseur, la preuve du *dominium auctoris.* C'est peu vraisemblable, alors qu'on cherchait à faciliter la preuve (G., 4, 150, 160. Ulp., D., 43, 17, 1, § 3). Dioclétien, C., 3, 32, 13) : *ordinarii juris est ut mancipiorum orta questione prius exhibitis mancipis de possessione judicetur ac tunc demum proprietatis causa ab eodem judice decidatur.*

Ainsi aucun avantage à la formule de Lenel. Mais le savant auteur soulève une dernière objection contre le texte de Gaius. Sans doute, il ne le prétend pas interpolé, mais il l'at-

---

1. Ce texte vise les deux prétendants en lutte. Pourtant Savigny prétend qu'il s'agit de savoir qui de deux acquéreurs publiciens l'emporte contre un tiers possesseur. On a répondu que le *is tuendus est* invoqué par Savigny fait simplement allusion à une exception ou à une réplique et ne signifie pas toujours un moyen de protection extraordinaire. D., 6, 2, 14. Ulp. D., 10, 2, 44, § 1, Paul. D., 8, 6, 16, Jul. D., 41, 1, 41, Ulp. D., 21, 1, 18, Paul.

taque directement. Il remarque, comme nous avons vu, que le *qui bona fide emit* de D., 6, 2, 7 § 11, semble plutôt appartenir à une formule qu'à un édit. Or Gaius, dans sa formule, dit *emit* et non : *bona fide emit*. Donc, il ne nous donne pas la formule exacte, ou plutôt, les formules de la Publicienne, mais une sorte de *schema* théorique où il a réuni les parties communes de ces deux formules. Donc son texte ne prouve rien.

Remarquons de suite que son texte prouverait au moins contre Brezzo la fiction unique d'usucapion. Si la fiction est unique, il y a déjà quelque chance pour que la formule le soit aussi. Mais il faut aller plus loin et dire : la formule est probablement unique; le texte de Gaius en fait foi. Tout d'abord en admettant même qu'il y ait dans la formule : *qui bona fide emit*, cela prouverait tout au plus une lacune dans notre texte. M. Ermann invoque une erreur de copiste. Il répond aussi que Gaius a peut-être omis lui-même et de parti pris le *bona fide* parce qu'à son époque on aurait pu croire que la Publicienne concernait seulement l'acquéreur *a non domino*. Il nous semble préférable et plus logique de répondre ; il y avait dans la formule : *emit*, et non point *bona fide emit*. En premier lieu, rien ne prouve, nous l'avons dit, que notre texte d'Ulpien reproduit la formule et non pas l'édit publicien. En outre, des raisons logiques nous semblent s'opposer à l'introduction dans la formule du *bona fide*. Ce *bona fide*, en effet, eût constitué un véritable pléonasme : le préteur demande au juge de supposer accomplie une année d'*usus* et de rechercher si, après ce délai, il y aurait eu usucapion. Or, pour cela, il devait nécessairement examiner s'il y avait ou non bonne foi, à moins que l'on admette, ce que l'on ne fait pas et ce que l'on affirmerait sans preuve, qu'à l'époque de Publicius la bonne foi n'était pas exigée a l'*initium possessionis*. Il est vrai que le *si emit* lui-même peut paraître pour la même raison superflu. Un juste titre, en effet, n'était-il pas nécessaire pour usucaper ? Une théorie défendue en France par M. Esmein, ne pense pas qu'il le fut toujours. Or, notre texte de Gaius semble précisément confirmer cette idée. Elle se confirme avec bien plus de force encore par Ulp., 16 *ad. ld.* D., 6, 2, 3, 1 : *et non solum emptori bonæ fidei compelit Publiciana, sed et aliis.* 7, 11 : *ait prætor : qui bona fide emit.* Nerat., 3 membr. cod., 17. *Publiciana actio non ideo comparata est ut res domino auferatur... sed ut is qui bonafide emit, possessionemque ejus ex ea causa nactus est, potius rem habeat.* Ces différents textes semblent bien prouver que le titre *pro emptore* fut le premier et peut être assez longtemps le seul qui donnât droit à la Publicienne. Or, si l'usucapion, à l'époque de Publicius avait exigé un juste titre, on ne voit pas pourquoi son édit, modelé sur cette dernière ne se serait pas contenté d'une juste cause quelconque et aurait exigé un titre spécial.

Maintenant y eut-il quant à cette exigence d'un juste titre influence de l'usucapion sur la Publicienne ou de la Publicienne sur l'usucapion ? La question est délicate, mais il ne nous paraît pas que ce soit faire une objection suffisante contre la seconde hypothèse de dire : la Publicienne repose sur la fiction d'une usucapion accomplie ; elle a donc dû en refléter l'image au lieu de lui servir de modèle (1). Ce n'est pas une objection suffisante, car nous voyons le juste titre exigé, non fictivement, mais bien réellement, dans la Publicienne, et surtout exigé dans la formule en termes exprès.

Quoiqu'il en soit, il sera plus prudent de dire qu'il y a eu ici influence à la fois sur l'usucapion et sur notre édit de l'idée Publicienne qui reconnaît force juridique aux conventions de bonne foi.

1. M. Esmein, *Histoire de l'usucapion.*

44. — Ainsi nous nous en tenons au texte de Gaius, confirmé par les idées d'évolution et de logique que nous avons indiquées.

Et par conséquent nous maintenons les notions développées jusqu'à présent et que confirme l'unité de l'édit : l'importance attribuée auparavant aux formalités, Publicius la donne à la bonne foi. Et le rôle de cette bonne foi fut exactement le même que celui des solennités : qu'on ait reçu *a domino* ou *a non domino* elle fait de l'acquéreur un propriétaire. Tout les caractères économiques du *dominium* se transmettent à l'*in bonis*. On ne lui refuse que ce qui le rattache à la nature familiale et sociale du premier. Il n'y avait rien de changé au point de vue théorique : il fallait toujours, pour l'emporter dans l'action de propriété un titre, préférable à celui de son adversaire. Aussi, quand disparut la distinction du *dominium* et de l'*in bonis* on n'eut que faire de la Publicienne. Du moment que l'acquéreur par simple tradition d'une *res mancipi*, put se dire *dominus ex jure quiritium* il eut la revendication. D'où l'absence de la Publicienne dans les recueils pratiques et les *Institutes*. D'où enfin les textes rappelés plus haut où l'on voit un défendeur à la revendication obligé de prouver son droit ou bien un revendiquant triompher simplement en montrant son titre.

Nous ne pouvons expliquer tout cela que par l'évolution retracée. La Publicienne ne créa pas tout à coup un droit au profit de l'acquéreur *a non domino* : comment expliquer cette révolution ? Elle ne consacra pas davantage une pratique admise sous les actions de la loi : celles-ci ne connaissent que ce qui est formel. Non, elle remplace la nécessité de formes par celle de la bonne foi, elle rend subjectif ce qui était objectif, comme beaucoup de créations contemporaines de la loi Æbutia.

Encore ne pouvons nous comprendre que cela se soit fait brusquement.

42. — Aussi serions-nous tenté d'admettre que l'édit Publicien a été précédé non seulement d'un droit respectant comme lui le titre quant aux *res mancipi* mais aussi d'une jurisprudence respectant comme lui la bonne foi quant aux *res nec mancipi*. C'est peut-être le moment de se rappeler un passage célèbre de Summer-Maine : « Il semble que l'idée de classer des biens en diverses espèces se soit présentée spontanément à un grand nombre de sociétés primitives. Une espèce de biens est placée plus bas que les autres dans l'ordre de la dignité. Mais en même temps elle est débarrassée des liens par lesquels l'antiquité a enchaîné les biens réputés supérieurs. Plus tard l'avantage plus grand des règles relatives au transfert et à la succession des biens réputés inférieurs est généralement reconnu, et, au moyen d'innovations graduelles la plasticité de la propriété inférieure est communiquée à la propriété que l'on considère comme supérieure. L'histoire du droit de propriété romain est l'histoire de l'assimilation des choses *mancipi* aux choses *nec mancipi*. » (Anc. dr. ; classification des biens).

Le texte de Gaïus, auquel il faut toujours revenir, semble favorable à cette hypothèse : il nous dit que la Publicienne est utile à qui reçoit simple tradition parce qu'il ne peut se prétendre *dominus ex jure quiritium*. Cela se comprend pour les *res mancipi* (Cf. II, 41).Mais pour les *res nec mancipi Gaïus* nous dit à son § 19 (II): *ipsa traditione pleno jure alterius fiunt.* Et rien ne permet de croire que cela soit une conséquence de l'édit publicien ; bien au contraire, car l'édit n'aurait pu donner le *plenum jus*. Notre solution est confirmée par Ulpien (*regulæ* XIX) qui, après avoir écrit à son § 3 : *mancipatio propria species alienationis est rerum mancipi*, nous dit au § 7 : *traditio propria est alienatio rerum nec mancipi. Harum rerum dominium ipsa traditione adprehendimus, scilicet si ex justa causa traditæ sunt nobis.* »

Ainsi la tradition des choses *nec mancipi* rend propriétaire aux conditions auxquelles celle des *res mancipi* donne l'action Publicienne. C'est leur mode spécial de transfert. Il servit d'abord pour eux.

Fit-elle toujours de l'acquéreur un propriétaire ? Lui donna-t-elle toujours la revendication ? C'est douteux. On ne voit pas bien la primitive revendication *per sacramentum* s'appliquant aux *res nec mancipi*. Cette lutte, cette proclamation solennelle de son droit, le dépôt d'un *sacramentum* élevé, tout cela paraît peu en rapport avec un litige ayant pour objet une chose souvent fragile, périssable et de peu de valeur. Surtout et pour se placer à un point de vue strictement juridique, le droit d'exécution personnelle, l'enlèvement de la chose en cas de *confessio*, supposent qu'on agit en vertu d'un acte revêtu de la force exécutoire : c'est l'exercice normal d'un droit consacré par la cité, *ex jure quiritium*. Tout cela s'accorde-t-il avec la *traditio* ? Ihering écrit *(actio inj.*, p. 45) : « Le droit de propriété originaire avait une double face ; il comprenait le *meum esse ex jure quiritium* et le simple *meum esse*, le premier pour les *res mancipi*, le second pour les *res nec mancipi*. Le *jus quiritium* consistait dans le droit de réaliser soi-même, extrajudiciairement, la propriété établie en forme solennelle, c'est-à-dire en s'en prévalant au moyen de la *manus* (*manum depellere*, *injicere*, *consérere*, *mancipatio*, *mancipium*, symbolisation de la *manus*, dans la mancipation, par la saisie de la chose). Cette *manus* correspondait à la *manus injectio* extraordinaire d'une dette d'argent, solennellement établie par une sentence du juge ou *per nexum*. C'était un acte solennel dont la partie devait d'abord donner connaissance à l'adversaire, et dans lequel elle devait amener des témoins avec elle... La revendication avait pour but l'examen de ce qui s'était passé extrajudiciairement. » Or, pour les *res nec mancipi*, il ne s'est rien passé extraordinairement qu'une simple prise de possession. De plus, ce qui caractérise la mancipation, c'est la déclaration par l'acquéreur qu'il est propriétaire *ex jure quiritium*. Et cette formule répétée au début de l'action de propriété, est absente de la *traditio*. L'acquéreur n'y prétend pas, ne peut pas y prétendre au *jus quiritium*. Les *res nec mancipi* ne sont donc pas susceptibles de ce droit. Il est bien évident au surplus que les Romains ne créèrent pas cette distinction de biens en deux classes. Ils en admirent certains comme dignes d'être placés sous la protection des dieux et de la cité, comme aptes à être acquis par mancipation, revendiqués par *sacramentum*. Les autres n'avaient pas de réalité juridique (M. Cuq., p. 731, note 1. *Contra*, Muirhead, *Introduct. hist.*, p. 159).

Nous renvoyons à Ihering pour l'esquisse de ce système, d'après lequel la possession des *res nec mancipi* aurait été garantie par les actions *furti*, la *condictio furtiva* et l'*actio ad exhibendum*. Il y aurait eu pour elles quelque chose d'analogue à ce qui se passait pour les meubles en droit germanique : la question n'y était pas de savoir si on était propriétaire, mais si on possédait de bonne foi, ou si au contraire on avait une possession non justifiée, soit qu'on fût voleur ou recéleur, soit qu'on pût être considéré comme tel (*actio furti concepti*, G. III, 186 : *Apud aliquem quesita et inventa... quamvis fur non sit*). Il ne fallait pas, pour triompher dans ces actions, démontrer le *dominium auctoris*, il suffisait d'y prouver la *traditio ex justa causa*.

Si cette doctrine est exacte, l'idée publicienne aurait été en germe dans le mode de protection des *res nec mancipi*. Et lorsqu'elles devinrent objets de propriété, on fut naturellement amené à reconnaître à la *traditio ex justa causa* la force d'un titre créateur de droit.

Un auteur autorisé soutient au contraire que la Publicienne fût créée spécialement pour les *res nec mancipi*. L'action *furti* ou l'action *ad exhibendum*, nous dit-il, « demeurait inefficace vis-à-vis des tiers qui avaient un droit égal à celui du précédent acquéreur, par exemple qui avaient eux-mêmes acheté la chose et payé le prix... L'action *ad exhibendum* était une action personnelle ; elle ne pouvait être utilement exercée que contre le détenteur qui, sans avoir de droit sur la chose, empêchait celui à qui elle appartenait de l'enlever (*rem tollere*, Jul., 54, D. XIX, 1, 25). Le progrès du droit consista à considérer l'acquisition de la chose comme conférant un droit réel opposable à tous, sous réserve du droit du propriétaire lorsqu'on n'avait pas traité avec lui (M. Cuq., p. 508). Ce serait là la raison d'être de la Publicienne. Mais remarquons avec Lenel (*Palingénésie*, II, 511) que tous les fragments du commentaire d'Ulpien qui suivent la transcription du texte de l'édit se rapportent au cas où l'acheteur a traité avec le propriétaire. Cela ne laisse-t-il pas supposer qu'il visait plutôt l'acquéreur par simple tradition d'une *res mancipi*. M. Cuq objecte, il est vrai, que dans un de ces passages (3, 1), Ulpien parle d'un acheteur de bonne foi, par suite d'une personne qui a traité avec un non-propriétaire. Nous répondrons que, pour nous, acheteur de bonne foi, dans le langage de l'édit, cela n'est pas synonyme d'acquéreur *a non domino*.

On peut d'ailleurs hésiter entre les deux systèmes qui sont d'accord au point de vue de l'évolution générale.

43. — Nous savons maintenant pourquoi la Publicienne fut créée : afin de donner à l'acquéreur par tradition un droit équivalent à la propriété.

Et nous comprenons pourquoi elle a disparu, pourquoi la tradition fut assimilée en fait aux modes civils d'acquérir. Comme les tribunaux étaient accoutumés depuis des siècles à s'enquérir simplement du point de savoir qui avait acquis, quel était l'ayant-droit préférable, il suffisait d'appliquer sans autre fiction ces règles à l'*accipiens*. Ce n'est pas en effet parce qu'il avait acquis *a non domino*, c'est parce qu'il n'avait pas employé les formalités requises, qu'il avait auparavant besoin du secours du préteur.

Aussi les compilateurs ne comprirent plus le sens de la Publicienne. Ils en restreignirent la portée théorique au cas d'acquisition *a non domino*. D'où les interpolations constatées au Digeste. Les *res mancipi* et *nec mancipi*, les modes civils et prétoriens d'acquérir étaient confondus en fait depuis bien longtemps. Que pouvait signifier cette action ?

Ainsi, la Publicienne qu'on invoque dans notre système se retourna contre lui. Elle se retourna contre lui pour deux raisons. Celle d'abord que nous indiquons. Puis, la bonne foi devant s'apprécier d'une façon différente chez l'acquéreur *a domino* que chez l'acquéreur *a non domino*, tandis que les formalités des modes civils étaient identiques dans les deux hypothèses, elle habitua à distinguer les deux espèces d'acquéreurs. Auparavant, au contraire, on avait seulement à rechercher qui avait les plus anciens titres ou bien qui avait prescrit (1).

Mais nous avons vu que ces classifications théoriques ne gênaient pas les praticiens d'alors, pas plus qu'elles n'arrêtent les praticiens d'aujourd'hui.

Trouverons-nous dans l'ancien droit, puis dans les principes, des raisons d'abandonner l'action revendicatoire romaine ?

1. V. le développement de cette idée, n° 66.

CHAPITRE III

ANCIEN DROIT

44. — La Publicienne prit, chez nos anciens auteurs, une importance qu'elle avait sans doute cessé d'avoir à Rome longtemps avant Justinien.

Ils la trouvèrent dans le Digeste et en profitèrent. On n'usait plus cependant ni de la mancipation, ni de l'*in jure cessio*, ni même de l'usucapion. On ne connaissait pas davantage *res mancipi* et *nec mancipi*. Quel besoin alors avait-on de la Publicienne ? C'est que nos anciens auteurs avaient aussi trouvé dans le Digeste qu'il fallait avoir acquis d'un propriétaire ou bien avoir prescrit pour avoir la revendication : *nemo plus juris ad alium transferre potest quam ipse haberet*, avait dit Ulpien (D. 50, 17, 354, *De diversis regulis juris*). Et cela leur parut de bon sens. Il est vrai qu'ils trouvaient au même titre ce fragment 136 de Paul : *Bona fides tantumdem possidenti prœstat quantum veritas, quotiens lex impedimento non est.* Mais cela leur sembla sans doute plus équitable que juridique. Et puis, à tout propos, pour tous modes d'acquérir et de transmettre, ils trouvaient des textes exigeant la propriété chez l'aliénateur. Enfin ils n'avaient pas lu Gaius, et pour cause ; or, tous les textes du Digeste sur la Publicienne, vus sans beaucoup d'esprit critique et pris comme formant une législation d'ensemble semblaient concerner uniquement, en tout cas essentiellement l'acquéreur *a non domino*. Ils acceptèrent les principes, ils s'emparèrent de l'expédient, et, de la combinaison de ces principes et de cet expédient, fut faite la revendication de nos anciens auteurs. Celui qui pouvait invoquer la prescription se servait de « l'action directe » ; les autres se contentaient d'une « action utile ». Utile ou directe, peu devait importer au plaideur, pourvu qu'il eût gain de cause. C'étaient là scrupules de juristes. Tous les auteurs qui constatent la pratique se soucient fort peu de cette distinction.

C'est Denizart, *Possession*, n° 8 : « possession seule suffit pour faire présumer qu'il est propriétaire, et on ne peut la lui enlever qu'en justifiant d'un titre ... », n° 10 : « quand le titre de celui qui attaque le possesseur n'est pas assez ancien pour qu'on puisse lui opposer la prescription, alors la possession ne suffit pas seule pour écarter la demande de celui qui se présente armé d'un titre : il faut que le possesseur représente le sien ; et c'est dans ce cas là un combat de titres qu'il faut juger. »

De même Dumoulin avait dit (tome I, p. 351) : « *Possessor in dubio titulorum manet in possessione nisi sit possessio minoris temporis, quam ad prescribendum sufficiet.* »

Ce n'était pas que la pratique ignorât cette distinction du droit direct et du droit utile : elle la dédaignait simplement, elle la repoussait comme vaine et anti-juridique.

C'est ainsi que Charondas écrit en ses Pandectes du droit français, liv. IV, Chap. XXI, p. 568 : « qui a acquis à juste titre et de bonne foi de celui qu'il estimait seigneur et propriétaire... s'il n'a pas prescrit, par le droit romain lui était donnée l'action prétorienne *quœ publiciana dicitur...* Mais *comme le droit français ne s'arrête à la distinction des actions directes et utiles, aussi il ne reçoit l'usage de cette action, réputant la vindication suffisante, en laquelle les parties peuvent déduire et alléguer tous leurs droits et moyens...* »

Et Boutaric, avec une précision de langage et une

sûreté de doctrine remarquables (*Instit.* p. 534) : « *Parmi nous un possesseur de bonne foi, de quelque manière qu'il ait été dépossédé, n'aurait pas besoin de recourir à la fiction sur laquelle était fondée l'action publicienne... il agirait sans difficulté ainsi et de même que le véritable propriétaire, dont le droit ne pourrait être opposé par le nouveau possesseur.* »

Enfin Duarenus, résumant la pratique (*de probationibus,* p. 310) : « *Quid ergo dicemus si quis vindicet fundum ut dominus, reus respondeat se dominum ... Cum uterque se esse dominum contendit, uterque probare debet, et secundum eum judicari solet, cujus potior est probatio.* » Voilà l'idée de la preuve double et du droit meilleur.

Ainsi, dans la pratique, à la fin de notre ancien droit, nulle part on ne veut connaître la Publicienne et partout cependant on en applique les solutions.

C'est que ces solutions tiennent, nous l'avons déjà vu en droit romain à la nature même de notre droit. Et comme il n'y a plus désormais de différence pratique entre l'action et le droit, c'est par les caractères de celui-ci que celle-là s'analyse et l'existence de l'une dépend uniquement de la nature de l'autre.

Mais les auteurs qui prétendent s'en tenir strictement aux principes refusent à qui ne produit que des titres la vraie revsndication. Il nous paraît tout à fait inutile de montrer comment cette idée a passé des textes du Digeste à travers la glôse jusqu'aux civilistes. On trouve notamment dans Mynsingerus (*ad* § 4, Inst. *de act. num,* 36 et sq.), la liste des principaux glossateurs et pseudo-glossateurs qui se sont occupés de notre question. Cette étude serait inutile, fastidieuse. L'idée a passé sans critique, telle que l'exprimait la lettre morte des Pandectes.

Pothier résume ainsi la doctrine de l'école au nº 323 du

traité de la propriété : « Quand même il serait constant que celui, qui, par le titre que je produis, m'a vendu ou donné l'héritage que je revendique n'en eût pas été le propriétaire, si je l'ai acquis de bonne foi, ayant eu sujet de croire que celui qui me vendait ou me donnait cet héritage dont je le voyais en possession en était le propriétaire, ce titre sera seul suffisant pour fonder ma demande en revendication contre le possesseur, qui ne rapporte de son côté aucun titre. Il est vrai que je ne suis pas réellement propriétaire de la chose que je revendique, celui qui me l'a vendue ou donnée n'ayant pu me transférer un droit de propriété qu'il n'avait pas lui-même, et qu'en conséquence je ne puis avoir *actionem in rem directam*, mais j'ai *actionem in rem utilem seu publicianam*, que celui qui a perdu la possession d'une chose qu'il possédait de bonne foi, a contre celui qui se trouve être en possession sans titre » (1).

Ainsi il n'y a qu'une seule revendication, mais elle est un composé de la *rei vindicatio* et de la Publicienne : on peut en user quoiqu'on ne soit pas « réellement propriétaire ». Mais c'est bien la revendication. Pothier le dit encore au n° 3 de son traité de la possession : « un ancien possesseur de bonne foi qui a perdu la possession d'une chose est reçu, quoiqu'il n'en soit pas propriétaire, à la « revendiquer ». Si seulement Pothier n'avait pas eu tant de scrupules et d'hésitations dans le choix des mots ! Il eût épargné bien des ennuis aux commentateurs actuels (2).

D'ailleurs, il en est même qui s'occupent avant tout de la pratique et qui cependant invoquent la tradition publicienne. Ainsi Papon (arrêts notables, *Revend.*, livre 8) : Si est valable la preuve d'un demandeur pour soi dire propriétaire de

1. Cf. d'Argentré (*Cout. de Bretagne*, p. 912).
2. Il est d'ailleurs à remarquer que c'est seulement Pothier, c'est-à-dire l'auteur le plus compromettant pour notre théorie, sinon au fond, du moins en la forme, qu'ils invoquent.

ce qu'il demande et revendique de dire et montrer qu'il a acquis la chose dont est question d'un qui était possesseur » (1). Et ailleurs (livre 9, 17, *de preuves*) : « Est nécessaire de prouver les causes par lesquelles le demandeur est propriétaire, à savoir d'avoir droit d'un qui était propriétaire..., comme disait Bartol...».

Mais, d'autre part, il écrit, 1° (*de revendication*, p. 409) : « Notez au reste que l'action *ad exhibendum* est préparatoire de la revendication et est le défendeur tenu d'exhiber le titre duquel il s'est vanté ; arrêt de Grenoble du 13 décembre 1568 ». Donc le défendeur n'est pas dispensé de toute preuve.

2° (*Trias judicii* du second notaire, 3ᵐᵉ livre d'actions prétoriennes) : « D'équité et exemplairement de la *civile* est permise la Publicienne... Par l'effet de ladite Publicienne est convaincue l'opinion de ceux qui pensent que sans prouver la propriété non seulement appartenir au demandeur, mais avoir appartenu à son auteur, le possesseur doit être absous. »

De même Philippus Decius (*Consilium*, 143) : « *Quia admodum difficile est probare dominium, melius est ut intendat actionem Publicianam quæ eis etiam competit* » (2).

Enfin citons Mynsingerus (*ad* § 4, Inst. *de act. num.*, 36 et sq.) : « *Num hodie exerceri possit Publiciana ? Ego... respondeo, hodie necessariam esse hanc actionem, sicut olim, et propterea recte exerceri, adeoque in foro nostro nullam... esse frequentiorem* ».

Mais il ajoute qu'en fait les deux actions se confondent.

Voet (*Commentarius ad Pandectas, de publiciana in rem actione*), remarque de même qu'il faut distinguer entre les

1. Cf. Faber, *Code*, p. 235, 322 d'une part et 228 d'autre part.
2. Cf. Mascardus, *De probationibus* : « *dominium regulariter non probatur per instrumentum* » (544, 1 ; 550, 1, etc.), et en sens contraire 550, 5, etc... et Menochius, *Presumpt.* t. 2, p. 888, *passim*.

deux moyens : « *licet non semper actionum nomina in judiciis exprimi soleant.* ».

45. — Donc deux courants d'idées. D'après les uns il n'y a qu'une propriété, qu'une revendication : c'est la pratique. D'après les autres il faut théoriquement distinguer : c'est l'école. Celle-ci avait trouvé dans le Digeste la difficulté et le moyen de la résoudre. Celle-là était dans la vraie tradition française, comme elle était dans la vraie tradition romaine. Nous l'avons vu pour le droit romain. Examinons-le rapidement pour le droit français (1).

Au XIIIe siècle la possession et la propriété primitivement confondues sous le nom général et vague de saisine, semblent complètement séparées. Et la pratique du Moyen-Age, qui se préoccupe assez peu de la distinction des actions personnelles et réelles, tient, au contraire, le plus grand compte d'une sous-distinction de ces dernières en actions possessoires et pétitoires. Chez Beaumanoir notamment, la saisine n'est pas du tout la propriété, pour lui la saisine c'est la possession (*Cout. de Beauvoisis*, VI, 32 et 33. — Cf. *Cout. d'Artois*, VI, 29 ; VIII ; XIX ; XXI ; XXII, 3, p. 25, 37, 51, 58, 64).

Pourtant, Loysel écrit encore (R. 740) : « Possession vaut moult en France, bien qu'il y ait du droit de propriété entremêlé ». Aussi la procédure au possessoire n'en finissait pas. Philippe VI s'en plaint dans son ordonnance de 1347 : *lites maxime breves efficiuntur immortales.* En réalité on tranchait en même temps et par le même jugement possessoire et pétitoire. (Artois, XXI, 4, p. 59). Philippe recommande aux officiers de justice d'observer les règles. (V. un arrêt de date incertaine, ordonnances des rois de France, II, 542). Mais c'est en vain. Une ordonnance de Charles VII de 1446 pose le principe de la séparation. Puis c'est une ordonnance de novembre 1507, a. 44 « ordonnons que dorénavant ne

1. *Procédure au Moyen-âge*, par M. Tardif.

soient baillées lettres à nos chancelleries pour conduire le pétitoire et possessoire ensemble ». Une autre rappelle les principes en août 1539 (a. 60) « qu'il ne sera reçu aucune complainte après l'an... le défendeur même n'ayant titre apparent sur sa possession ». C'est enfin une ordonnance d'avril 1669, art. 5, titre 18. « Les demandes en complainte ou réintégrande ne pourront être jointes au pétitoire... Défendons d'obtenir lettres pour cumuler le pétitoire avec le possessoire ».

Ainsi, les défenses même en font foi : du XIII° au XVII° siècle, on confond et on mêle sans cesse pétitoire et possessoire.

Nous avons d'ailleurs de cette pratique. des témoignages directs. Citons Argou, liv. 4, chap. II : « lorsqu'il ne s'agit que d'une complainte on se dispense quelquefois de la rigueur de l'ordonnance et on juge le pétitoire pour ne pas faire essuyer aux parties deux procès pour un ».

Or, on pense bien que ce n'était pas seulement d'une preuve par prescription qu'il s'agissait dans cette procédure où en principe la possession annale devait triompher. Papon, en son second notaire, page 542 : « Complainte : je proposerai que je suis propriétaire et possesseur... que de la dite possession j'ai joui et usé pleinement et paisiblement à bons et justes titres par 3, 10, 20, 30, 40 et plusieurs ans... Est au premier propos de la complainte dit et articulé que... le complaignant est propriétaire à bons et justes titres. N'y a rien en ce cas de superflu ; car encore que l'on dit que la possession actuelle soit considérable néanmoins devra toujours tâcher le complaignant de dresser son fait de toutes parts, que l'on puisse voir la possession n'être seulement de fait, mais de droit... Fera bien le complaignant de fortifier la possession de légitime propriété... De deux contendants d'une possession devra toujours être jugé préféré celui qui aura mieux justifié la possession par titre plus ancien et supérieur... si le cas se présente où ni l'une des parties ni l'autre a titre, mais la seule possession naturelle, en ce cas faudra conserver celui qui jouit actuellement ». Et il spécifie bien que l'acheteur a un titre « encore que ce fût d'un vendeur non propriétaire, pourvu toutefois que l'acheteur le crût et estimât propriétaire (1) ».

L'influence du droit romain est certaine dans ce passage. Mais tout ce que nous voulons prouver c'est que fatalement la Publicienne devait pénétrer dans l'organisme de notre vieille procédure possessoire. Dans une telle procédure, en effet, il n'y a par définition ni demandeur ni défendeur. Fatalement donc la pratique était amenée à ne pas exiger la preuve d'un droit absolu, à se contenter de celle d'un droit meilleur.

Comment se fit cette confusion du possessoire et du pétitoire, d'où ce rôle du titre dans la complainte (2)? La lutte des juridictions civiles contre les juridictions ecclésiastiques y contribua certainement. Grâce à cette confusion les juges laïques statuèrent dans une foule de contestations qui sem-

---

1. La pratique de Masuer, Preuves, tit. 16, nous montre cette procédure comme « observée en France »; « principalement » quant au « défendeur ». C'est donc bien l'action double.

Cf. Guy-Pape, *Decisiones, quæstio 71* : « *qui potiora jura probat in petitorio obtinet in possessorio* » — « *ubi ageretur interdicto retinendæ possessionis, tunc bene admittuntur probationes concernentes titulum seu proprietatem rei* ».

2. Une autre institution très pratique montre l'importance du titre au possessoire : fort souvent, dans la procédure de complainte, le juge donnait la possession provisoire à l'un des plaideurs. Un ancien coutumier nous dit que dans la procédure dite d'applégement cette possession intérimaire doit être accordée à celui des deux plaideurs qui paraît avoir le plus de droit à la propriété (anc. cout. d'Anjou et du Maine, M, n°s 186 et sq., t. 4, p. 439. — Cf. Beaumanoir, chap. 52, n° 24, t. 2, p. 205 et chap. 53, n°s 2 et sq., t. 2, p. 301. — Bouteiller, somme rurale, liv. I, tit. 21).

blaient du ressort de l'Église. On disait — cette doctrine est formulée dès le XIII° siècle (*liber practicus Remensis*) — que le possessoire relevait des tribunaux civils, et pour étendre la compétence de ceux-ci on engloba peu à peu le pétitoire dans le possessoire. (Cf. Fleury, *Nouv. opusc.*, p. 90).

Mais pour que le titre ait joué son rôle au possessoire en matière laïque aussi bien qu'en matière ecclésiastique, pour qu'il ait mis plusieurs siècles à se détacher de la saisine malgré le droit romain et les ordonnances, il faut une raison plus profonde qu'un motif d'opportunité, il faut qu'il y ait eu entre lui et la possession un lien intime et ancien.

Cette présomption se trouve vérifiée par une contre-épreuve : si le titre intervient au possessoire, on voit par contre les courtes possessions intervenir au pétitoire. Jean Desmares écrit : « Saisine... après an et jour, trait à soi et gagne la propriété ». Et dans le grand coutumier de Jacques d'Ableiges, chap. 51, sur propriété d'être dépouillé, voici une formule de revendication « Je à tel titre ai tenu, joui et possédé une maison... par l'espace de 2, 3, 4, 5, 10 ans ou plus et nonobstant, ma partie adverse a pris et occupé la possession et saisine d'icelle maison indûment et à tort ». C'est bien là le droit relatif; c'est une course entre deux saisines. Est-ce une lutte au pétitoire que ce procès où l'on se préoccupe avant tout de la longueur — indéterminée — des possessions? En tout cas c'est déjà le droit relatif : ce titre de Jacques d'Ableiges ce n'est pas nécessairement un titre *a domino*, ce n'est qu'un juste titre, puisque son rôle est simplement de colorer la possession.

Nous trouvons à partir du XIV° siècle une complainte en cas de simple saisine qui survit à la dépossession d'an et jour — ce qui la distingue de la complainte ordinaire — mais qui n'exige pas le juste titre — à la différence de la revendication. Il fallait avoir possédé dix ans, ou, au moins, comme le dit la coutume de Paris, « par la plus grande partie d'icelui temps ». La possession la plus ancienne l'emporte, n'eût-elle duré qu'un peu plus de cinq ans. Or cette action dura peu en matière de propriété. Déjà Bouteillier constate sa disparition au commencement du XVe siècle. Pourquoi cette chute? Laurière nous l'explique (sur l'art. 98 de la cout. de Paris) : « Parce que tous les contrats sont à présent rédigés par écrit ». En d'autres termes la possession ne suffit pas ; il faut en outre un juste titre : mais il n'est pas nécessaire, bien entendu, que ce titre émane *a vero domino*.

Ainsi mélange constant du possessoire au pétitoire, du pétitoire au possessoire, échange de services entre eux. Et grâce à cela la théorie du droit relatif et meilleur sortant des entrailles même de notre vieille procédure. C'est qu'avant Beaumanoir la saisine et la propriété se trouvaient plus ou moins confondues, non seulement en pratique, mais en théorie. Pas de distinction nette, ni dans le 64e chapitre de Jean d'Ibelin, ni dans les Assises de Jérusalem, ni dans les Établissements de saint Louis (liv. 1, chap. 69, t. II, p. 104). Dans le grand coutumier de Normandie on trouve les mots biens, propriété, possession employés comme synonymes (chap. 87 éd. Gruchy, p. 198). Et encore après Beaumanoir plusieurs textes nous préviennent que le possesseur, pour agir en complainte, n'est pas tenu d'alléguer un titre (cout. notoires, n° 181. — Grand coutumier de France, liv. II, chap. 19, p. 231 ; — anc. coutume du Vermandois n°s 100 et 101). C'est très vraisemblablement qu'à une époque antérieure il fallait un titre. Des textes nous permettent de l'affirmer (voy. charte d'Abbeville, 1184, art. 13, dans Thierry, *Tiers-Etat*, IV, p. 12; — cf. Assises de Jérusalem, éd. Bouquet, l. 2, p. 36) (1). Et

1. Il y aurait à examiner les caractères de ce titre. Il est probable que ce qui le constituait c'était beaucoup moins la bonne foi de l'acquéreur que l'accomplissement des formalités qui accompagnaient à l'époque

si nous remontons à l'époque carolingienne, à la période franque, au droit germanique, nous ne trouvons qu'une seule action réelle immobilière. Encore à peine peut-on dire qu'il s'agisse d'une action réelle : il faut toujours, en effet, articuler contre le défendeur un fait personnel. A l'époque carolingienne encore les actions immobilières sont dirigées contre celui *qui malo ordine invasit, qui injuste tenet, qui contra legem tenet* (voy. Glasson, *Institutions de la France*, t. III, p. 437). L'action avait bien ici, à n'en pas douter, un caractère personnel, le droit un caractère relatif.

A cette époque « le défendeur actionné en revendication d'un immeuble doit prouver son acquisition par témoins ou par écrit. On avait en effet l'habitude de faire dresser par écrit les mutations entre vifs ou de les opérer en présence de témoins. En outre il est tenu de faire connaître son auteur; autrement il est acquis contre lui qu'il a injustement acquis le bien. On ne le dispense de cette obligation qu'autant qu'il a acquis l'immeuble en vertu d'une concession du prince ou bien qu'il invoque en sa faveur un jugement antérieurement rendu qui le reconnaît propriétaire. A la preuve par témoins ou par écrit administrée par le défendeur, le demandeur peut répondre par des moyens semblables *(Capit.* de 817, cap. 10, *capit.* de 819, cap. 12). Lorsque les deux preuves faites de part et d'autre se détruisent, on en vient alors au serment ou au jugement de Dieu (Jugement de 775, dans Bouquet, V, n° 32 ».) M. Glasson, *op. cit.*, p. 470).

Qui ne reconnaîtrait dans cette procédure les caractères que nous nous sommes efforcés de dégager dans la *legis actio sacramenti* (1) les deux parties demanderesses, le droit

féodale les transferts de propriétés foncières (voy. *Livre de Justice*, XII, 6, § 26).

1. Cf. la procédure en droit germanique : Voici la *vindicatio* et la *contravindicatio* : L. Rip. 33. 3 : *Ambo conjurare debent cum dextera armata, et cum sinistra ipsam rem tenent* (V. Van Bemmelen, Propriété mobilière, p. 35 et sq.).

meilleur qui l'emporte (1) et ce caractère double on le retrouve pendant tout le moyen-âge (2).

Ainsi toujours le droit relatif. Ce qui a encore contribué à
maintenir et même à rendre plus forte dans notre ancien
droit cette idée c'est le mélange des diverses prescriptions.

La saisine annale nous apparaît comme générale au moyen-
âge. On la connaît en matière mobilière et immobilière (V.
Glasson, *Rev. Hist. du Dr.* 90, p. 594). Existait-elle en droit
germanique ? La question est douteuse. Quoi qu'il en soit on
la trouve dans un capitulaire de 825, chap. 11 (Pertz, *leg.* t.
1, p. 252). Mais on connaît aussi la prescription trentenaire,
la prescription décennale. Ainsi une propriété acquise par
prescription annale va le céder devant une autre acquise par
prescription décennale. Pourtant cette propriété est une vraie
propriété (voy. les anc. usages d'Artois, XXVI, 5, 6). Aussi
les praticiens sont embarrassés. En 1363 à Loches, un vendeur garantit son acheteur « à touz jourz mes perdurable-

1. On trouve l'expression de « preuve meilleure » dès l'époque franque;
elle se perpétue jusqu'à la Publicienne (V. notam. *Vetus auctor*, I, 98. —
Jugement de 1197, Muratori, I, 159. — Stil cur. Parl. 18, § 11. — Olim,
1312, t. III, n° XXVI; p. 304, t. III, n° XVIII; 1348, t. III, p. 1348. —Cout.
de Lubeck de 1240, a. 143. — Cout. de Hambourg, 1270, VII, 9).

2. Une doctrine bien connue que défend M. Glasson (*loc. cit.*) prétend
qu'en droit germanique ce n'aurait pas été au demandeur mais au défendeur à la revendication à fournir sa preuve. C'aurait d'ailleurs été
pour celui-ci un avantage (*Beweisrecht*), car cette preuve se faisait par
serment. Nous voilà bien loin de la preuve par le demandeur d'un
droit absolu. Toutefois on peut douter qu'il y ait là autre chose qu'une
apparence. Tout d'abord, de quelque façon que se fasse la preuve il
nous semble que c'est toujours un fardeau. Un serment, souvent accompagné de celui de cojureurs ne nous paraît pas plus facile à porter pour
des esprits religieux qu'un titre à présenter. D'autre part aujourd'hui
encore, d'après la jurisprudence, il suffit au défendeur de montrer son
titre pour triompher d'un demandeur qui n'a lui-même qu'un titre à
moins que celui-ci ne soit l'ayant cause préférable du même auteur. On
peut se demander si l'avantage de la preuve en droit germanique ne se
ramenait pas à quelque chose d'analogue (Cf. en ce sens Van Bemmelen, *Propriété mobilière*).

ment nonobstant droit ou coustume de païs disant que qui ait garanti por an et jour ait suffisamment garanti » (dans Violet, *Etablissem.*, t. I, p. 111, note 4).

En résumé dans notre ancien droit tout révèle l'idée d'une propriété préférable. Tout contribue à en faire pénétrer la nation, le mélange primitif du possessoire et du pétitoire, la coexistence de la saisine annale et des longues prescriptions,

Nous avons donc vu que nos anciens auteurs affirment nettement l'existence d'un droit au profit du titulaire d'un titre. Rappelons simplement ici, sans y insister, une autre théorie qui implique celle dont nous traitons et qui ne se comprend que par elle.

Quand au XVIIIᵉ s. on formula la règle : en fait de meubles possession vaut titre, il est certain que l'on voulait éviter au possesseur d'un meuble l'obligation de montrer un acte écrit constatant son acquisition : on voulait le faire échapper aux rigueurs de l'ordonnance de Moulins. Implicitement donc, on considérait — ce que l'on affirmait d'autre part — qu'un acte écrit a la force de prouver le droit. Ainsi notre adage signifie que la réception de bonne foi d'un meuble rend propriétaire comme le fait le juste titre en matière d'immeubles. Nous disons la réception de bonne foi, car on entendait simplement dispenser d'un titre écrit : pour le reste, on revenait et il suffisait de revenir à la théorie générale. Il est vrai que cette bonne foi a une influence plus grande en ce qui concerne la propriété des meubles : cela tient à l'absence de presciption — en tout cas de prescription décennale — comme mode de les acquérir. Mais, réserve faite de ce point, la théorie est la même pour les deux catégories de biens.

CHAPITRE IV

DOCTRINE

§ I. — *L'adage « nemo plus juris » et le principe « res inter alios acta » Le droit acquis.*

47. — Nous croyons avoir démontré que, soit le droit romain, soit notre ancien droit, ont toujours admis le revendiquant à triompher au moyen d'un titre d'acquisition préférable au titre ou à la possession de son adversaire.

Nous avons vu que la Publicienne avait simplement eu pour but d'accorder à la bonne foi l'importance attachée auparavant à la forme et qu'elle n'avait pas par conséquent le caractère d'une théorie exceptionnelle.

Nous avons enfin montré que dans l'ancienne France, soit à l'époque germanique, par suite du caractère délictuel de toute action, soit plus tard, par suite de la confusion du pétitoire et du possessoire, soit après, sous l'influence de la Publicienne, des pratiques semblables furent toujours admises. Le titre y faisait preuve du droit.

48. — Le Code a-t-il innové ? Serait-il vrai que lā loi exige maintenant la preuve d'un droit acquis *erga omnes* au moyen, par exemple, de la prescription, alors qu'à toute époque on s'est contenté de la preuve, par titre, d'une propriété relative ? Est-il exact que la législation soit à ce point en retard sur le droit ?

Cela semble invraisemblable.

Si d'ailleurs on consulte le Code civil, on y voit (art. 711) que la propriété s'acquiert comme auparavant par l'effet des obligations, donations, legs, etc... Il semble bien que du moment qu'il ne nous dit pas à quelles conditions elle est acquise au moyen de ces titres, c'est qu'il entend sur ce point s'en rapporter purement et simplement à la tradition (1).

C'est là ce que l'on conteste. Un titre ne suffirait plus dorénavant à prouver le droit. Il faudrait en outre la preuve d'une acquisition *a domino*, c'est-à-dire pratiquement la preuve de la prescription (2).

49. — Pourquoi ? En vertu du principe d'après lequel personne ne peut transmettre à autrui plus de droits qu'il n'en a. Ce principe serait de tradition ; il serait de bon sens ; il se trouverait inscrit dans nos textes.

Nous voulons essayer de faire voir, au contraire, que ni l'histoire, ni la logique, ni les textes ne l'imposent. Nous voulons montrer qu'il n'est qu'une traduction pratique et imparfaite du principe fondamental : *res inter alios acta aliis non nocere potest*, et que par conséquent il ne peut être invoqué que par une personne ayant des droits acquis opposables au titre invoqué contre elle.

Ce n'est pas une simple question de mots. Il importe, au point de vue théorique comme au point de vue pratique — nous aurons bien souvent occasion de le remarquer au cours de cette étude — de s'appuyer uniquement sur le principe *res inter alios* et de ne considérer le brocard *nemo plus juris* que comme une application de ce principe. Quantité de théories juridiques restent des énigmes, ne s'expliquent que par des systèmes contradictoires ou par des fictions, c'est-à-dire restent inexplicables, si l'on attache au brocard *nemo plus juris* une valeur indépendante du principe *res inter alios*. Nous citons de suite, à titre d'exemples, et sauf à y revenir plus tard, la théorie du transfert de la propriété immobilière qui fait l'objet de cette étude ; celle du transfert de la propriété mobilière ; celle de la cession des créances

1. V. pour la méthode et le plan nos 15 et 16.
2. Cf. nos 8 et sq.

et notamment des titres négociables ; l'effet déclaratif du partage (art. 883). Nous n'examinerons en détail que celle qui forme la matière de cette thèse. Mais nous tenons à bien faire ressortir de suite l'importance de notre question. Il faut, à notre avis, choisir : ou renoncer à comprendre toutes les hypothèses dans lesquelles un acquéreur reçoit plus de droits que n'en avait son auteur, et d'une façon plus générale, les cas dans lesquels une personne reçoit par convention des droits indépendants de ceux de son cocontractant, ou ne reconnaître à l'adage *nemo plus juris* que la valeur empirique que nous lui donnons (1). Or si le brocard *nemo plus juris* n'est pas en harmonie avec notre législation positive, il nous semble que c'est déjà un argument sérieux en notre faveur.

Il nous faudra montrer ensuite que si cet adage est dangereux, jamais il n'est nécessaire, que toujours le principe *res inter alios* suffit à expliquer les applications qu'on en donne.

Nous arriverons ainsi à cette conclusion : toutes les fois que l'on constate une violation de *nemo plus juris*, c'est qu'il ne correspond plus à *res inter alios acta* ; toutes les fois, au contraire, que l'on constate une application du brocard, c'est qu'il correspond au principe.

Puis ayant ainsi attaqué l'adage dans ses conséquences, nous le critiquerons en lui-même : nous nous efforcerons de montrer qu'il ne signifie rien si on ne le considère pas comme une simple traduction de *res inter alios*. Notre thèse sera la suivante : jamais on ne transmet plus de droits, ni moins de droits, ni autant de droits qu'on n'en a, attendu qu'à proprement parler, on ne transmet jamais de droits et qu'à chaque transfert, dans chaque contrat, il y a au fond création d'un

____

1. Il s'agit ici d'une théorie générale sur l'acquisition et le transfert des droits. Nous n'en indiquons que quelques cas d'application, ceux qui touchent le plus à notre matière. Nous n'avons pas besoin de dire qu'elle a une portée bien plus vaste.

droit nouveau. Qu'il s'agisse d'un créancier ou d'un propriétaire jamais on ne tient son droit d'autrui.

Nous aborderons ensuite l'adage devant les textes. Nous verrons que ceux que l'on nous oppose confirment précisément notre thèse, car ils sont une application pure et simple de *res inter alios*.

Si enfin on nous objecte d'une façon générale et vague, l'esprit du Code, nous répondrons par les travaux préparatoires dans lesquels notre conclusion — à savoir la possibilité d'une preuve par simple titre acquisitif du droit de propriété — est expressément affirmée (1).

Nous verrons d'ailleurs plus loin que, non seulement l'application spéciale que nous faisons ici de notre thèse générale — c'est-à-dire l'acquisition du droit au moyen d'un titre émanant *a non domino* — se trouve dans les travaux préparatoires en termes formels, mais qu'elle est en outre implicitement contenue dans le Code civil, au titre de la prescription.

50. — Mais tout d'abord, il importe que nous nous assurions du principe *res inter alios* dans lequel nous proposons d'absorber le brocard *nemo plus juris*.

Que signifie-t-il ? Que par un contrat ou un acte quelconque, il nous est défendu de causer à autrui un préjudice juridique, de l'obliger ou d'une façon plus générale, de lui enlever un droit.

La conséquence de cette idée, c'est la notion du droit acquis. Elle suppose deux droits légitimes en soi, mais incompatibles, mais dont l'un est illégitime par rapport à

1. Nous pourrions d'ailleurs répondre tout simplement que les auteurs du Code n'ont pas pensé à notre question, qu'il faut donc en demander la solution non au législateur mais aux principes législatifs, mais à la loi. Nous n'invoquons les travaux préparatoires que pour montrer qu'inconsciemment l'idée que nous défendons s'y est introduite, par la force même des choses.

l'autre. Ce sont par exemple deux droits de propriété sur une même chose. Primus a acheté un fonds à Pierre, Secondus a acheté le même fonds à Pierre ou à une autre personne. En supposant que ce bien soit légitimement acquis par ces deux personnes, il faut se demander laquelle a un droit opposable à l'autre, il faut examiner qui peut invoquer le principe *res inter alios*. Cette notion implique que les droits ne sont pas des entités ayant vie, abstraction faite de leurs sujets, qu'ils ne sont que la personnalité envisagée au point de vue des rapports sociaux : ses manifestations peuvent être légitimes à l'encontre de celui-ci alors qu'elles ne le sont pas quant à celui-là.

On a nié que cette idée soit applicable aux droits réels (1).

L'article 1165 qui la consacre ne parle que des obligations.

A notre avis la question ne fait pas de doute. La règle qu'on ne peut obliger autrui n'est en effet qu'une application de cette idée plus générale : on ne peut enlever à autrui un droit qui lui appartient. Le respect du prochain, cette idée que pour l'homme son semblable est une fin en soi, voilà la base même du droit. Pour nous exprimer d'une façon plus juridique nous dirons que notre principe est contenu dans l'idée même des droits. Ce ne serait pas en accorder aux individus que de les mettre à la disposition des tiers. Par conséquent lorsque le législateur en accorde, dans la mesure où il nous les donne il les rend par là même indépendants de tout acte d'autrui. Nous disons : dans la mesure où il nous les donne. En d'autres termes le principe *res inter alios* est un principe qui lie la doctrine d'une façon absolue alors qu'il est au contraire tout à fait souple entre les mains du législateur. Celui-ci, qui n'est guidé

1. V. Débrand. *Essai sur la preuve du droit de propriété immobilière.*

que par les besoins de son temps, ses idées, ses croyances peut et doit en effet ne considérer comme acquis, comme opposables absolument aux tiers, que les droits dont le maintien n'est pas contraire à l'intérêt commun. En d'autres termes le principe *res inter alios acta* qui est pour le philosophe la conséquence d'idées générales sur la personnalité est pour le jurisconsulte une conséquence et un produit des institutions juridiques elles-mêmes. Il est en quelque sorte leur mécanisme, ce qui leur permet de fonctionner. Mais il les suppose existantes. On ne peut donc jamais dire qu'une institution juridique quelconque viole ce principe ; si un droit n'est pas opposable aux tiers nous n'en concluerons pas qu'il y a là exception à *res inter alios* ; nous dirons simplement : le législateur a décidé que ce droit ne remplissait pas les conditions nécessaires pour être considéré comme acquis.

Cette explication de l'adage *res inter alios*, nous ne pouvons bien évidemment l'appuyer sur des textes. Ou ils décident qu'un droit succombe en présence d'un autre : alors il n'est pas acquis ; sinon il est à considérer comme acquis. Notre principe dépasse donc les décisions législatives (1). D'ailleurs les raisons que nous rappelons nous paraissent suffisantes. Notons en effet que le principe *res inter alios* ne saurait s'appliquer à un simple préjudice de fait. Il suppose une violation soit de la liberté, droit primordial (art. 1165), soit d'un droit particulier quelconque. S'il allait plus loin — et nous demandons qu'on le justifie — il rendrait toute existence sociale impossible ; il empêcherait la concurrence, il arrêterait la vie même. Le principe, c'est nécessairement la liberté, sous réserve des droits acquis. Nous disons des droits acquis : soit par exemple un titre acquisitif

---

1. Nous parlons des décisions de fond. Quant aux règles de procédure, nous argumenterons de l'art. 474, C. pr. c. (V. n° 90, *in fine*, p. 151). Cf. p. 132, note

d'une part et une possession plus récente que le titre, d'autre part ; le titulaire du titre pourra invoquer le principe : *factum alii* ; le possesseur ne le pourra pas. Sinon notre règle s'annulerait elle-même.

En un mot notre principe suppose non pas un préjudice quelconque, mais une perte de droit, il implique donc un droit acquis.

51. — Si le principe *res inter alios* n'est pas au-dessus de la volonté du législateur, attendu qu'il suppose un droit acquis et qu'il dépend de la loi de décider si un droit est ou n'est pas acquis il en serait autrement du brocard *nemo plus juris* si ce brocard était lui-même un principe. On ne peut, dit-on, donner ce que l'on n'a pas et par conséquent quiconque n'a pas de droits ne saurait en transmettre, quiconque reçoit d'une personne sans droit ne saurait en acquérir. Or le législateur ne peut faire, si cela est vrai que l'on donne ce que l'on n'a pas, que l'on reçoive ce que l'on ne nous donne pas. Et ainsi notre prétendu principe ne peut être violé par la loi. Si donc nous y trouvons des exceptions à l'adage nous pourrons en conclure que ce n'est qu'un adage empirique. Ici on fait intervenir des fictions ; ce ne sont pas elles qui nous gênent ; il faut que tout s'explique : admettre la fiction c'est renoncer à expliquer. On la comprenait à Rome où *nulla actio sine lege*. Il en fallait au magistrat pour réparer l'avarice du législateur. Mais aujourd'hui que le droit n'est qu'une conséquence de la personnalité on ne peut plus la comprendre. Tout droit trouve son explication en nous-mêmes.

Il est une autre façon plus habile de nous répondre : soit, dira-t-on, on ne transmet que ce que l'on a, on n'acquiert que ce que l'on nous donne, mais il peut dépendre de la loi de donner un droit nouveau, à l'occasion d'un acte qui a pour but de transférer un droit ancien.

Nous le voulons bien. C'est même là, on le verra, toute notre thèse. Oui, le législateur peut donner un droit nouveau, il donne même toujours un droit nouveau ; jamais il n'y a, à proprement parler, transfert d'un droit ancien. Mais ne voit-on pas qu'on nous fait là une bien dangereuse concession. Quoi ! il n'est pas possible d'acquérir ce que l'on ne nous donne pas et cependant voici que dans des modes de recevoir à titre dérivé on obtient, grâce à la loi, un droit qui n'existait pas chez notre auteur. Que devient l'adage ? C'est-dit-on, une exception. Nous répétons encore une fois que l'exception est incompatible avec la règle. Comment ? nous aurions des modes dérivés qui fonctionneraient comme modes originaires ! Mais un mode originaire suppose une *res nullius.* Et du moment qu'un droit appartient à un tiers, il ne peut dépendre de la loi, en vertu du principe *nemo plus juris*, de nous le faire avoir.

En un mot, admettre que la loi peut créer au profit de l'acquéreur par mode dérivé un droit nouveau, c'est abandonner l'idée de transfert, c'est admettre, sinon la nécessité, du moins la possibilité d'une conception différente.

52. — Or les exceptions législatives à notre brocard sont innombrables. On peut bien dire qu'elles dominent toute théorie de transmission de droits.

Passons en revue quelques-unes de ces exceptions, soit dans le passé, soit aujourd'hui.

Tout d'abord, en ce qui concerne l'histoire de l'adage, elle est certainement en contradiction absolue — si toutefois l'on prétend ériger cet adage en principe — avec la tradition des réalités juridiques qui y correspondent. Possesseur de mauvaise foi, sans droit réel, je vends à un tiers de bonne foi : il a à Rome et dans notre ancienne France l'action Publicienne ; pour les meubles il est, en outre, sous la protection de la règle : possession vaut titre. Voilà deux exceptions tellement importantes — on en pourrait citer bien d'autres — qu'elles absorbent, en vérité, la règle. Pourquoi ce contraste entre la vie et l'école ? Comment l'expliquer et qu'en conclure ? Quoi qu'il en soit pour le moment, en supposant que cet adage n'ait pas dans nos codes le rang d'un principe, il semble certain qu'on doive rester fidèle à la vraie tradition, vivante, organique, au lieu d'écouter l'écho trompeur de notre maxime.

Examinons maintenant rapidement les principales exceptions que la loi apporte au brocard.

53. — Ce sont d'abord celles qui résultent des art. 2279 et 1141 C. Nous avons essayé de montrer que ces textes sont une simple application à la propriété mobilière de la théorie Publicienne. La jurisprudence du XVIII° siècle qui admettait couramment cette théorie n'a dérogé aux règles générales, pour les meubles, qu'en ce qui concerne la preuve, non en ce qui regarde le droit : malgré l'ordonnance de Moulins un écrit est inutile en matière mobilière ; la possession vaut titre ; et elle fait acquérir et elle prouve aux mêmes conditions qu'en matière immobilière ce que donne ici le titre, à savoir la propriété (1). Ces articles ont donc pour nous par leur origine une importance capitale. Or que décident-ils ? Qu'un successeur peut recevoir ce que n'avait pas son auteur. Il est certain que ce successeur devient propriétaire parce qu'il a traité avec une autre personne, et quoique cette personne ne fût pas propriétaire. En supposant en effet qu'il n'eût pas traité avec un tiers, il n'aurait pu par simple occupation se rendre maître d'un bien qui appartient à un autre. Il acquiert donc par mode dérivé un droit nouveau. Ce n'est

1. La circulation rapide des meubles explique qu'il n'y ait pas en cette matière de prescription décennale ; l'usage de ne pas constater leur transmission par écrit explique qu'on n'exige pas la preuve par titre.

pas,nous dit Aubry et Rau (t. II p. 74 note 11) une exception
à l'adage « car il s'agit d'avantages que le successeur ne tient
pas de son auteur ». Ces deux propositions sont contradictoires. Il est bien entendu que des avantages que notre auteur n'avait pas, nous ne pouvons les tenir de lui. Mais précisément nous constatons que malgré le caractère dérivé d'un
mode d'acquérir ce mode permet de recevoir des droits que
n'avait pas celui qui a aliéné à notre profit.

La théorie de l'art. 2279 prouve donc :

1° Qu'un acquéreur de meubles peut avoir plus de droits que
son auteur ;

2° Par la communauté d'origine de cette théorie avec la
nôtre qu'un acquéreur quelconque peut avoir plus de droits
que son auteur.

L'idée est exactement la même dans les art. 2239 et 2265
qui organisent la prescription par dix à vingt ans. Par suite
de son titre et parce qu'il a traité avec un tiers, l'acquéreur
obtient, grâce aux actions possessoires, tout au moins, le
droit, à l'égard de tous autres que le *verus dominus*, de prescrire par dix à vingt ans. L'exception est ici moins frappante, parce que les effets définitifs n'en sont pas contemporains de la cause. Mais l'idée reste intacte.

Nous citerons ensuite les exceptions corrélatives aux modifications que reçoit le principe suivant lequel les conventions sont par elles-mêmes translatives de droits, non seulement entre les parties, mais même au regard des tiers. Ces
modifications permettent à un propriétaire ou à un créancier
de transmettre des droits qu'il a déjà transmis et dont il ne
devrait plus pouvoir disposer si notre adage était vrai. Toutes les considérations de crédit public ne peuvent cependant
faire qu'on soit encore propriétaire ou créancier alors qu'on
a cessé de l'être.

Ces exceptions à l'adage, tout en en montrant l'inanité,

prouvent directement la vérité de notre thèse. Soit un acquéreur en second d'un immeuble, qui a transcrit ; le premier acquéreur n'a pas transcrit. Invoquant le principe *nemo plus
juris*, un usurpateur pourra opposer au second acquéreur
qu'il n'est pas propriétaire. Il a, en effet, reçu *a non domino*
puisque son auteur avait déjà disposé du droit qu'il lui a
cédé. Qu'importe à cet usurpateur la question de transcription ! Elle ne concerne que les rapports entre eux des
ayant-cause d'un même auteur. Cette conclusion logique est
absurde. Serait-il moins absurde qu'on pût opposer la première acquisition à un second acquéreur qui n'a pas transcrit ?
Ce serait absurde précisément parce que notre système de
transcription ne règle que le point de savoir quel acquéreur
a un droit acquis à l'encontre d'un autre acquéreur du même
auteur (1).

Ce sont encore les cas dans lesquels un acquéreur n'est
pas exposé à certaines charges dont la chose à lui transmise
était grevée ou à certaines éventualités de résolution qui pe-
saient sur le droit de son auteur (a. 717, al. 2 et 3, C. pr.). Ici
encore nous sommes en présence de droits que celui qui reçoit
ne tient pas de celui qui transmet (voy. Aubry et Rau, t. II,
p. 74, note 13).

Citons aussi les cas où des droits révocables avant leur
transmission deviennent irrévocables entre les mains du successeur particulier auquel ils ont été transmis (Cpr. notamm.,
art. 132 et 958).

Rappelons l'inopposabilité au porteur de bonne foi d'un titre
négociable des exceptions valables contre les précédents por-
teurs.

1. Si, d'ailleurs, on admet que la transcription est opposable à un
tiers usurpateur il faut alors décider, par contre, qu'un acquéreur en
premier qui n'a pas transcrit pourra se voir opposer par ce tiers le
défaut de transcription. Ainsi, de toute façon, pour qui considère les
règles dont il est parlé au texte comme des exceptions au principe
nemo plus juris, ces règles conduisent nécessairement à des absurdités.

Et notons pour finir la théorie de l'effet déclaratif du partage.

Toutes ces théories sont en contradiction manifeste avec notre adage. Et cet adage dominerait notre législation ? il serait en harmonie avec elle ? il y serait impliqué ? il y serait sous-entendu ?

Pourquoi toutes ces exceptions ? Parce que, dans les cas énumérés, le brocard ne s'appuie plus sur la règle *res inter alios acta*. Parce que, en d'autres termes, la loi, pour des raisons d'intérêt général, refuse de considérer comme acquis, les droits, soit du *verus dominus* d'un meuble corporel qui n'en a pas conservé la possession, soit de l'acquéreur d'un immeuble qui n'a pas transcrit, soit des personnes qui en ont obtenus d'un copropriétaire sur sa part pendant la période d'attente de l'indivision, soit du débiteur d'une créance constatée par titre négociable qui prétend opposer à un porteur de bonne foi des exceptions qui anéantissent ou qui diminuent sa créance, etc., etc.

Il est bien certain qu'au point de vue économique c'est là l'idée. C'est aussi, à notre avis, le véritable principe juridique.

54. — Nous voulons maintenant prouver que le principe *nemo plus juris* dont nous connaissons les dangers est absolument inutile : dans les hypothèses, en effet, où on l'invoque, il n'est qu'une façon d'exprimer le principe : *res inter alios acta.* Un mot suffit : on l'invoque toutes les fois qu'une personne ayant un droit acquis contre une autre l'oppose à l'ayant-cause de cette dernière.

Enfin — et ce n'est qu'une nouvelle manière de présenter notre idée — quand quelqu'un se dit propriétaire ou créancier, cela revient à dire que personne ne peut lui opposer un droit acquis, faire valoir le principe *res inter alios.* Qu'on n'objecte pas que si l'on échappe à ce principe, c'est que l'on a acquis du véritable ayant-droit. Cela est faux précisément dans les cas où la loi a violé l'adage *nemo plus juris.*

<table><tr><td>Lévy</td><td>7</td></tr></table>

Ainsi ce brocard n'est jamais appliqué ; quand il contredit le principe *res inter alios*, la loi le laisse de côté ; enfin, il rend inexplicables toutes les hypothèses dans lesquelles un droit déjà aliéné ou nul ou restreint arrive intact chez celui qui acquiert.

Donc danger, inutilité du brocard, voilà ce qui nous semble ressortir avec évidence de ce qui précède.

55. — Nous allons tenter de faire voir que notre adage est non seulement inutile et dangereux, mais, en outre, absolument faux et insignifiant, si du moins on ne l'accepte pas comme une simple traduction de *res inter alios*.

Ce qui a fait naître l'erreur, ce qui a fait croire que dans une cession de créance ou de propriété, etc., il y a véritablement transfert de droit, et que par conséquent, on ne peut acquérir plus de droits que ceux qui nous sont transmis, c'est, à notre avis, une double raison :

Une raison historique d'abord. A Rome, le droit c'est l'action ; et point d'action sans une loi. Quand donc on cédait un droit, c'était, en réalité, l'action concédée par la loi qui était l'objet du transfert ; d'où, l'impossibilité d'y transférer une créance : l'action y naît, en effet, d'un rapport personnel ; et il est manifestement impossible de transférer un rapport. On ne peut que le supprimer puis le remplacer par un autre : d'où le procédé de la novation. Puis les nécessités économiques ont inspiré une véritable cession. Pourtant, il est aussi impossible aujourd'hui qu'à Rome de céder un rapport juridique. Qu'y a-t-il donc sous ce prétendu transfert ? C'est ce que nous examinerons tout à l'heure. Nous notons seulement en attendant cette raison historique de l'erreur dont nous parlons : confusion à Rome du droit avec l'action. Le droit y est un moyen d'action ; c'était un organe juridique fourni par la loi que l'on transmettait.

Nous voyons ensuite à cette erreur une raison plus terre

à terre. D'abord, l'expression *transmettre un droit* est commode ; puis elle répond à quelque chose de vrai. Au point de vue économique le droit, c'est une valeur. Grâce à notre droit sur une chose ou contre quelqu'un, nous avons un élément de fortune dans notre patrimoine. C'est là ce que l'on transmet. Est-ce à dire qu'au point de vue juridique on donne ou l'on vend ou on lègue un droit comme on le ferait d'un objet corporel ? Nullement. Ce qui fait, pour qui acquiert, la valeur du droit sur une chose, c'est simplement, en effet, l'absence de droits acquis appartenant à autrui. Pratiquement, ce qui inquiète un acheteur ce n'est pas en soi la question de savoir s'il acquiert *a domino ;* c'est la crainte de réclamations de la part des tiers.

Nous avons démontré que l'adage *nemo plus juris* n'est en harmonie avec les textes que si on en limite la portée à celle du principe *res inter alios acta.* Après la preuve expérimentale la preuve rationnelle.

Examinons donc la théorie du transfert des droits.

56.— Il y a ici un abus de mots qui conduit à une fausse analyse de l'acte translatif.

Voici cette analyse telle qu'elle est faite par Kant : « La transmission du mien par contrat s'opère suivant la loi de la continuité (*lex continui*), c'est-à-dire que la possession de l'objet n'est pas un seul moment interrompue pendant la durée de cet acte ; car autrement j'acquerrais un objet comme une chose qui n'aurait point de possesseur (*res vacua*), et par conséquent cette acquisition serait originaire, ce qui est contraire à l'idée de contrat. Mais cette continuité veut que ce ne soit pas l'un des deux contractants (*promittentis et acceptantis*) en particulier, mais leurs volontés réunies qui transportent le mien de l'un à l'autre, de telle sorte que l'on ne peut considérer le promettant comme abandonnant d'abord (*derelinquens*) sa possession au profit de l'autre, ou renonçant à son droit (*renuntians*), et l'autre comme survenant aussitôt, ou bien réciproquement. La translation est donc un acte dans lequel l'objet appartient un moment à deux personnes ensemble ; il en est ici comme d'une pierre lancée dans l'espace : lorsqu'elle est arrivée au sommet de sa coûrse parabolique, elle peut être considérée un moment comme s'élevant et tombant tout à la fois, et elle passe ainsi sans discontinuité du mouvement de l'ascension à celui de la chute » (*Métaphysique de la doctrine du droit*, trad. Barni, p. 108).

Malgré l'autorité et la précision de ces lignes, elles ne nous paraissent pas de nature à convaincre. Le philosophe se rend fort bien compte qu'on peut difficilement découvrir dans l'acte de transfert autre chose qu'une renonciation et une acceptation. Ce qui le détourne de cette idée, c'est qu'alors : 1° la possession serait interrompue un instant de raison, et 2° qu'il n'y aurait plus contrat ; il y aurait acquisition originaire.

Mais, tout d'abord, il ne nous paraît pas que, quelle que soit l'analyse du contrat, cette analyse puisse avoir influence sur le sort de la possession. Que la propriété soit transférée au moment même du contrat, comme dans notre droit actuel ou après le contrat, comme dans notre ancien droit, peu importe, la translation de cette propriété ne suppose aucun intervalle de temps. La volonté de l'aliénateur, en effet, est subordonnée à celle de l'acquéreur : l'une est la condition de l'autre. Et au moment où elles sont d'accord, où les consentements deviennent purs et simples, le transfert a lieu ; mais ces consentements sont par nécessité simultanés. Au dernier acte de possession de l'un des contractants, correspond le premier acte de possession de l'autre.

Nous arrivons maintenant à l'idée même de contrat. On

ne peut lui reconnaître, nous dit-on, des effets analogues à ceux d'un mode d'acquisition originaire.

Soit, en un certain sens — et nous reviendrons sur ce point — mais faut-il rappeler encore une fois toutes les hypothèses où se crée dans notre législation positive un droit nouveau au moment d'un acte de transfert ? On veut établir entre l'occupation et les modes dérivés d'acquérir un contraste auquel nos textes et ceux du passé résistent. Et pour l'établir, on emploie un langage qui, même chez Kant, il faut le reconnaître, est obligé, pour devenir intelligible, de se servir du symbole et de l'image. Qu'est-ce que cette rencontre de volontés dont parlent tous les juristes, que ce transfert « parabolique » d'un droit ?

Nous comprenons une entente, nous ne voyons pas la rencontre de deux volontés et si, d'autre part, nous voyons la translation d'une chose, nous ne comprenons pas le transfert d'un droit.

Et ni les mots, ni les images, quelle que soit leur antiquité, ne peuvent empêcher les choses d'être ce qu'elles sont.

Or, si on peut donner un objet, on ne peut pas donner un droit. Manifestation du moi, le droit n'est pas plus susceptible de transfert que notre personnalité même. Et pourtant on achète, on vend ! Sans doute, mais on achète et on vend la valeur qui résulte des choses ou de l'activité humaine, on n'achète point, on ne vend point de droits. Si je veux acquérir un bien de quelqu'un, c'est parce que je veux jouir d'une façon quelconque de ce bien et que la présence sur lui d'un tiers m'en empêche. Si le fonds n'appartenait à personne, individu ou État, je pourrais certainement en prendre possession, en jouir par ma seule volonté. Le droit que j'ai de faire tout ce qui ne m'est pas défendu, ma liberté en un mot, serait pour moi un titre suffisant d'acquisition.

Ce qui me gêne, c'est la possession légitime d'autrui. Le contrat me permet de lever cet obstacle. Que le possesseur me cède sa chose, c'est-à-dire qu'il y renonce — cedere — et je pourrai agir librement sur elle. Mais mon titre ici, c'est comme en matière d'occupation, ma volonté légitime d'acquérir. Le contrat n'est que l'acte qui permet à mon droit de se manifester. Ce droit, je le tiens de moi-même et de la loi, de ma personnalité telle que la société l'a créée. Ce n'est pas un droit transmis, c'est un droit acquis.

Cette idée n'est pas moins certaine, elle est plus frappante encore lorsqu'il s'agit de la transmission des biens par acte de dernière volonté ou de leur acquisition *ab intestat*. A ce point que, faute d'analyser comme nous l'avons fait la convention, certains ont cru qu'il y avait là une théorie spéciale. Comment un défunt pourrait-il, en effet, transmettre des droit qu'il n'a plus ? Comment pourrait-on dire que les héritiers ou légataires reçoivent les droits du *de cujus* ? (Voy. not. Laurent, t. 8, p. 552). Cette idée a été exprimée dans les travaux préparatoires du Code civil (Discours de Chabot devant le Corps législatif, Fenet, t. 12, p. 161, de Tronchet, Fenet, t. 12, p. 527). Elle est exacte : l'héritier, le légataire succèdent en vertu de leur acceptation conforme à la loi. Le droit ne passe pas du défunt à ces derniers. Il s'éteint par la mort : il revit par l'acceptation. On dit que le successeur est propriétaire sous condition suspensive de son acceptation, ou encore sous condition résolutoire de sa renonciation. C'est, à notre avis, quel que soit le langage du Code, une erreur. Le successeur, en attendant qu'il ait accepté, n'est pas propriétaire conditionnel pour cette raison très simple qu'il n'est pas propriétaire. Un droit conditionnel suppose avant tout un droit, ou plutôt deux droits. Pierre est propriétaire sous condition suspensive d'une chose, Paul est propriétaire sous condition résolutoire de la même chose. Qu'est-ce à dire? Que jusqu'à l'événement de la condition, Paul aura la possession. Mais, en attendant, il y a tout au moins un propriétaire. Or, l'héritier, comme le légataire, avant son acceptation, n'a pas la propriété : il manque à cette propriété une condition essentielle qui est précisément cette acceptation. Peu importe d'ailleurs qu'il s'agisse d'un successible tenu ou non de demander le délaissement. Ainsi il y a un intervalle de temps dans la propriété entre le décès et l'acceptation. La loi y remédie soit par la saisine, soit en autorisant certains actes indispensables, soit en déclarant sous la forme d'une fiction de rétroactivité que les droits acquis dans l'intervalle par des tiers seraient en principe — nous n'examinerons pas la question des actes de l'héritier apparent(1)— inopposables à l'héritier ou au légataire qui accepte. Au point de vue économique il est bien certain qu'il y a une période de léthargie dans le patrimoine. Il en est de même, quel que soit le langage du législateur (art. 785, cf. 777) (2), au point de vue juridique. Comme le dit l'article 777 lui-même : « l'effet de l'acceptation remonte au jour de l'ouverture de la succession », mais ce n'est pas en vertu d'une fiction de rétroactivité, c'est simplement parce que la loi refuse, en principe, le caractère de droits acquis par rapport à l'héritier à ceux que d'autres personnes se seraient attribués sur les

1. Nous remarquons seulement que l'art. 777 semble bien n'être qu'un simple corollaire de l'art. 785 et laisser intacte la question de savoir si ces actes procurent aux tiers un droit acquis à l'encontre de celui qui accepte.

2. Il est bien entendu que la pensée plus ou moins vague du législateur n'a qu'une valeur doctrinale. Il suffit pour que notre thèse soit exacte qu'elle corresponde aux solutions concrètes de la loi. D'ailleurs la théorie du droit conditionnel n'est pas dans le Code. L'article 785 nous dit que l'héritier qui renonce n'a aucun droit à opposer à autrui, pas même en principe celui d'accepter. L'article 717 exprime la même idée sous une autre forme.

biens successoraux. On dira peut-être que l'acceptation n'est pas ici une condition essentielle pour acquérir. Elle ne serait que la renonciation au droit de renoncer ; autrement dit l'héritier aurait déjà auparavant un droit acquis. Sans doute, car il avait le droit d'accepter. Mais il n'a pas avant son acceptation une propriété sous condition résolutoire. Que serait-ce que cette propriété conditionnelle qui ne pourrait se manifester qu'en se transformant, qu'en devenant pure et simple ?

Cette théorie du droit de propriété conditionnel, quoiqu'impossible à justifier et à construire, est spécieuse en ce qui concerne l'héritier saisi. N'ayant à demander à personne la mise en possession, pouvant accepter tacitement, il semble que son acceptation soit quelque chose de tout à fait secondaire au point de vue des droits. Mais elle est déjà moins séduisante quant aux autres successeurs universels. Que dire maintenant du légataire particulier ? Lui qui n'est pas obligé aux dettes, peut-on voir dans son acceptation la renonciation à un avantage ? Sans doute il renonce à un droit : mais toutes les fois qu'on accepte de devenir créancier ou débiteur on renonce au droit qu'on a de s'abstenir. Il ne sert de rien de jouer sur les mots. Accepter, c'est accepter, soit un droit, soit une obligation. Et dans le cas où une acceptation est nécessaire, où par conséquent l'individu est libre, la manifestation de sa volonté est quelque chose d'essentiel. Avant il y avait le droit d'accepter ou de renoncer, après il y a celui qui résulte de l'acceptation. C'est d'ailleurs pour les legs particuliers que la théorie du droit conditionnel est le moins soutenable : l'acceptation y est un fait juridique bien caractérisé exigeant le concours d'un tiers et de plus, en principe, elle n'oblige pas. Or, c'est ici que l'idée d'un droit remontant au décès est le plus nettement affirmée par le Code (art. 1014) Mais remarquons son langage : ce n'est pas un droit sur la chose, c'est un droit « à » la chose, autrement dit, c'est le droit d'accepter la chose, et d'en devenir propriétaire (V. n° 64, note).

S'il est impossible de comprendre comment l'on peut recevoir des droits qui n'existent plus, il est tout aussi impossible de s'expliquer comment l'on peut, par un acte qui a pour but de transférer des droits, en recevoir moins qu'il n'en est transmis. C'est cependant ce qui arrive dans les contrats, en général, (particulièrement dans la matière des donations, par suite des règles sur le rapport, la réduction, la révocation). Si c'est le même droit qui passe de l'un à l'autre pourquoi n'a-t-il pas des effets aussi pleins chez celui-ci que chez celui-là ? on dit qu'il arrive diminué. Ce n'est rien expliquer. Si je donne une chose à quelqu'un il ne peut dépendre du législateur que cette chose en devienne une autre, plus grande ou plus petite. Non : il n'y a pas un droit qui passe ; il y a un droit qui se crée. Et cela a son importance pratique. Nos adversaires sont bien embarrassés pour décider, en l'absence de texte, quel sera le sort des fruits perçus par le donataire ou d'une façon générale par l'acquéreur dont le droit est résolu rétroactivement. Par fiction, en d'autres termes on ne sait comment, il est censé n'avoir jamais eu de droits, il n'en a jamais eus puisque la propriété revient chez l'aliénateur, comme s'il n'avait jamais aliéné ; il n'a donc pas été propriétaire. Mais il n'était pas non plus possesseur de bonne foi, puisqu'il savait le sort qui le menaçait. Si, il était propriétaire, attendu qu'il avait acquis. Seulement il doit respecter les droits que la loi déclare opposables contre lui par d'autres personnes.

Encore faut-il, bien entendu, que la volonté d'acquérir soit légitime : Il ne faut pas que sous l'apparence d'une vente il y ait un vol, une occupation déguisée. Ce n'est pas, en notre législation, la forme, mais bien le fond qui importe.

Pour acquérir, je dois avoir cru acquérir : sinon je ne fais que succéder à la possession de mon co-contractant. Je n'aurai de droit que contre lui, en vertu de l'obligation qu'il a assumée, je n'aurai pas d'action réelle contre les tiers. Ce n'est là d'ailleurs qu'un corollaire de notre idée : respecter une volonté de prendre le bien d'autrui ne serait pas respecter la volonté d'acquérir. Le droit accorde à chacun non ce qu'il veut, mais ce qu'il croit pouvoir, mais ce qu'il veut légitimement ; il le respecte en tant que citoyen, qui veut agir conformément à ses droits : cette volonté, de se conduire en membre solidaire de la cité, en collaborateur de la société, il la respecte tout entière : il tient avant tout compte de cette volonté, de cette croyance que les juristes appellent la bonne foi (1).

Dans cette limite, la réalisation de nos droits ne rencontre pas d'obstacle en nous-mêmes, mais seulement dans le droit d'autrui : *factum alii aliis non nocere potest.*

Voilà le véritable adage juridique, le principe d'équité. Ne pas léser les droits du prochain, telle est l'idée qu'il exprime d'une façon grossière : *Nemo plus juris ad alium transferre potest quam ipse habet.* A moins de donner à cet adage un sens subjectif, il est contraire à la justice comme il est contraire à la réalité : à la justice, car il méprise toute bonne foi, à la réalité, car il omet toutes les hypothèses énumérées ci-dessus (2). A toutes ces hypothèses, notre théorie s'adapte exactement ; elle est l'idée qui les a fait naître et qui s'en dégage.

Cette maxime ne serait pas moins contraire au crédit public : celui-ci n'est en effet que le résultat des bonnes fois, des croyances individuelles. Le bien public exige avant tout le respect des bonnes volontés.

1. Nous donnons à cette idée sa forme juridique aux nos 03 et 04.
2. V. de plus no 57.

En un mot, on transfère des choses, mais ce qui fait la valeur de ces choses c'est l'absence sur elles de tout droit autre que celui qui appartient à leur possesseur. Grâce à son propre droit, le propriétaire ou le créancier peut transmettre un bien dont la possession soit à l'abri de toute attaque juridique. En ce sens, mais seulement en ce sens, en envisageant le droit comme valeur et grâce, précisément, au principe *res inter alios acta*, il est vrai de dire qu'on transmet des droits. Encore une fois, c'est grâce au principe *res inter alios*, ainsi que le prouvent toutes les exceptions à l'adage *nemo plus juris*.

57. — Cette analyse que nous faisons de l'acte de transfert de propriété, s'applique avec plus d'évidence encore, s'il est possible, au transfert des droits de créance. Une créance, c'est un rapport ; nous le répétons, on ne transmet pas un rapport. Ce que le créancier cédant aliène, ce n'est donc pas son droit, c'est la valeur à laquelle ce droit correspond, celle qui résulte de la fortune, de l'activité, du crédit du débiteur. Quant au droit lui-même, il y a cession, abdication, il n'y a pas véritablement transmission : le créancier renonce au droit qui résulte de son acceptation ; le cessionnaire accepte à son tour. Un nouveau rapport s'est formé ; il y a nouvelle créance ; cette idée se manifeste d'une façon matérielle dans la clause à ordre ou au porteur. Mais elle est tout aussi vraie dans la cession de créances constatées par des actes non formalistes. Le débiteur ne saurait se plaindre, puisque cette opération ne lui enlève aucun droit acquis. On objectera sans doute l'inopposabilité des exceptions dans le transfert des titres négociables : nous répondrons que, précisément, pour des raisons de crédit public, la loi ne considère pas que le droit de les invoquer soit définitivement acquis au débiteur. En admettant donc que cette théorie soit de tradition elle est certainement juridique.

Elle a en outre l'avantage d'éviter tous les systèmes trop compliqués pour un acte aussi simple soutenus sur cette question en Allemagne (1). Elle revient à dire que, pratiquement, la créance s'identifie avec le titre ; nous acceptons la formule, saisissante, mais en remarquant qu'elle n'est pas une explication. Quant au système de la renonciation de la part du débiteur au droit d'opposer les exceptions, elle nous semble contraire aux faits : car, précisément, le débiteur n'intervient pas dans le transfert de titres négociables, et il est tout à fait arbitraire de présumer une renonciation anticipée qui pourrait d'ailleurs être entachée des mêmes vices que l'obligation principale. D'une façon générale, il paraît toujours préférable de faire une théorie juridique bien franche, c'est-à-dire qui s'appuie directement sur les faits, qui prenne pour base le besoin matériel ou moral d'où est sorti un système pratique : c'est ici l'intérêt du crédit. Il faut donc dire simplement que le législateur, en présence de cet intérêt, refuse de considérer comme acquis des droits individuels qui lui sont contraires.

Nous croyons avoir montré la vanité et le danger de l'adage *nemo plus juris*. Pour avoir fait du droit une entité, pour lui avoir donné une existence en quelque sorte matérielle, il a fallu ajouter à cette fiction d'autres fictions.

58. — Notre adage est faux en droit ; il est faux partout. Nulle part ce que l'on reçoit n'est nécessairement

1. V. M. Debray, *La clause à ordre* : La question se pose de savoir si l'insertion de la clause à ordre est possible dans les cas non prévus par la loi. Pour nous, en soi, la question n'existe pas tant que l'insertion de cette clause n'aggrave pas la condition des tiers et notamment du débiteur. Car ces conventions sont libres sous réserve du principe *res inter alios*... Mais remarquons que pour ce qui nous intéresse, l'inopposabilité des exceptions, celle-ci ne résulte pas de nos Codes mais d'une pratique traditionnelle. Donc, ou cette inopposabilité est illégale quel que soit le titre à ordre (arg. art. 1165, C.) ou elle est toujours et partout juridique (si 1689 et 30, C. sont d'ordre public, ce ne peut être que précisément dans la mesure où le transport aggrave la situation des tiers),

égal à ce que l'on donne. Pour les idées, elles valent ce que vaut celui qui les pense ; pour les choses celui qui les a. Il n'y a que la matière, que l'apparence qui passent d'une personne à une autre. Le moi est irréductible au moi. Nous pouvons nous enrichir de la pensée, du bien d'autrui. Mais pour cela il faut penser, il faut agir. De nouvelles forces sont en jeu, de nouveaux droits naissent (1).

Ainsi au point de vue purement juridique il y a dans tout transfert de droit une abdication, une cession et une acquisition. Les deux actes sont indépendants et on comprend parfaitement que la cession soit vaine et que cependant il y ait acquisition de droit.

Nous nous en tenons donc à l'idée traditionnelle confirmée par l'article 711 qui distingue nettement l'acquisition de la transmission qui s'y ajoute. Elle s'y ajoute dans la mesure où les tiers n'ont pas de droits acquis. Nous verrons d'ailleurs plus loin que cette thèse est formellement consacrée par les travaux préparatoires du Code civil.

59. — Nous abordons maintenant l'adage *nemo plus juris* devant les textes. Nous montrerons que les uns sont tout à fait étrangers à notre question (art. 1021 et 1599 C.) et que les autres confirment le sens que nous donnons au brocard (a. 2125, 954, 963, 1673, 2182, C., 711 C. pr. c.).

60. — Quant aux articles 1021 et 1599 C. qui proclament la nullité du legs et de la vente de la chose d'autrui, nous disons qu'ils n'ont rien à voir avec notre adage. Ils ne s'occupent pas en effet, ils n'ont pas à s'occuper du sort de la propriété. Ils n'ont pas pour but de la laisser au véritable ayant-droit ; cela allait de soi. Ils veulent simplement régler les rapports de l'aliénateur et de l'acquéreur. Ils ne concernent pas les relations de celui-ci avec les tiers. En d'autres

---

1. Cpr. sur l'hypothèque, Chénon, *Démembrements de la propriété foncière*, introduction.

termes ils ne sont pas une conséquence de l'adage *nemo plus juris* ; ils ne concernent pas les effets des actes en tan^t que translatifs, mais en tant qu'obligatoires. Supposons que ces textes n'existent pas : la vente et le legs seraient valables en ce sens que le légataire ou que l'acheteur aurait le droit d'obliger celui qui a la charge du legs ou le vendeur à leur faire avoir soit la propriété, soit des dommages-intérêts. Mais ce légataire et cet acheteur n'en seraient, avant l'exécution, ni plus ni moins propriétaires qu'aujourd'hui. Ce que la loi leur refuse c'est cette action à l'effet de réclamer l'exécution. Mais l'acheteur de bonne foi étant en possession, ses droits sont les mêmes quant aux tiers que si l'art. 1599 n'existait pas. La vente ne reste nulle, une fois la chose livrée, qu'en ce sens que l'acheteur a contre le vendeur une action en nullité. Or comment reconnaîtrait-on à un tiers possesseur le droit de faire valoir contre l'acheteur lui-même cette action ?

Quant au légataire, en supposant le legs exécuté, ce legs sera nul en ce sens que celui qui en a été chargé pourra exercer -- le paiement qu'il a fait n'ayant pas de cause — la répétition de l'indû (a. 1235). Mais comment un tiers possesseur aurait-il le droit d'intenter cette action ?

En d'autres termes, une nullité affectant le caractère obligatoire d'un acte ne peut être invoquée que par ceux qui ont intérêt à ne pas être obligés, c'est-à-dire par ceux qu'il oblige. Or tant que la nullité n'est pas prononcée à la demande de ceux qui peuvent la faire constater, l'acte est valable, il n'y a même pas d'action en répétition possible. C'est ce qui explique notamment qu'une créance constatée par un titre négociable est susceptible de cession au profit d'un acquéreur de bonne foi quoiqu'elle soit affectée de certaines nullités absolues, notamment de celle qui résulte de l'absence de cause (1).

1. Nous devons d'ailleurs reconnaître que dans les travaux prépara-

61. — Soient maintenant les art. 2182 C. et 717 C. pr. Dans leur texte, pris à la lettre, ils paraissent embarassants. Mais il est facile de montrer qu'au fond ils confirment le plus énergiquement possible le sens et la portée que nous avons donnés au brocard *nemo plus juris*. Ils en donnent la traduction ; ils l'expriment en termes formels. Or quel est leur but ? Sans aucun doute (les travaux préparatoires bien connus de ces textes, leur contenu même le prouvent): ils entendent uniquement réserver les droits acquis (2182, al. 1 et al. 2 *in fine*. — Art. 717 al. 2.) Remarquons d'ailleurs que pris à la lettre, ces textes, pas plus que l'adage *nemo plus juris* ne contredisent notre thèse : ils ne s'occupent en effet que de la transmission, non de l'acquisition des droits. En un mot ils sont dans leur forme comme dans leur esprit une application pure et simple de *res inter alios*.

S'il pouvait subsister le moindre doute sur ce point, citons pour l'écarter un extrait du premier rapport de M. Persil à la Chambre des Pairs sur l'art. 717 (Dalloz, *Vente publique d'imm*). « On aurait pu forcer le propriétaire à revendiquer avant le jugement d'adjudication. On l'avait fait autrefois; on décidait que le décret purgeait la propriété ; mais nous n'aurions pas pu vous proposer de renouveler ce principe sans

toires le discours de Grenier au Corps législatif renferme à propos de l'art. 1599 la contradiction complète de notre thèse (Fenet, t. XIV, p. 192). Mais ce qui importe ce n'est pas l'opinion de Grenier, c'est la loi. La pensée du législateur n'a d'autre valeur qu'une valeur doctrinale lorsqu'elle ne sert pas à interpréter un texte et, à nous faire savoir ainsi quel est le droit. Or ce n'est pas là ce que nos adversaires peuvent demander au tribun Grenier. Ses paroles ne modifient en rien ce que nous disons de l'art. 1599 lui-même. D'autre part elle ne peuvent rien contre le principe *res inter alios acta...* et l'antagonisme qui existe entre l'adage *nemo plus juris...* et notre législation. Nous verrons d'ailleurs que cet antagonisme est si réel que la conséquence que nous en déduisons — à savoir la possibilité, la nécessité de la preuve par titre — s'est imposée à Bigot-Préameneu, quelqu'éloigné qu'il fût sans doute de refuser une valeur absolue à l'adage *nemo plus juris*.

violer le droit de propriété. Le propriétaire d'un immeuble saisi sur un débiteur à qui il n'appartient pas n'a rien à faire, rien à suivre, rien à observer ou à considérer pour conserver sa propriété. Il ne peut la perdre que par son fait ; une négligence ou une omission ne pourraiten tenir lieu ».

62. — Pour les articles 2125, 954, 963, 1673, qui appliquent le principe *resoluto jure dantis resolvitur jus accipientis*, nous répondrons qu'il s'agit ici d'un adage qui n'est pas le nôtre et qui n'est pas non plus la conséquence du nôtre. Sans aucun doute il réserve tout simplement les droits acquis ; il est l'application, le corollaire de *res inter alios acta.*

63. — Nous en avons fini avec la maxime *nemo plus juris.* Un langage commode a trompé ; parce qu'on parlait de transmission on a oublié qu'en droit il y avait cession, abdication, puis acquisition, extinction d'un droit, création d'un autre droit. Le propriétaire ne tient pas son droit de son auteur mais de la société qui renonce à son profit — phénomène organique ou acte de volonté — au droit qu'elle aurait, de jouir en commun du fonds, à la possibilité qui lui appartient de l'en exclure. En d'autre termes et encore une fois il tient son droit de lui-même, de sa personnalité juridique, telle que l'a formée la cité.

§ 2. — *Modes originaires et modes dérivés.*

64. — Il est une autre façon plus superficielle, plus vague, plus dangereuse par là même de contester notre théorie du transfert des droits. C'est de nous reprocher une confusion entre les modes d'acquérir à titre originaire et dérivé Il y a là une classification traditionnelle, soit. Mais elle n'empêcha, répondrons-nous d'abord, ni la Publicienne, ni la règle en fait de meubles possession vaut titre, ni aucune des hypothèses dans lesquelles on acquiert par mode dérivé un droit que n'avait pas notre auteur.

Mais notre réponse sera plus précise. Nous voulons montrer que nous respectons ce classement et que, bien plus, il ne se comprend vraiment que si on adopte notre théorie.

Ce n'est pas que nous attribuyons à cette distinction plus d'importance qu'il ne convient. Au fond, tous les droits nous viennent de la loi (1). Quoi qu'il en soit, le critérium est le suivant : par l'occupation, on veut acquérir une *res nullius*. Par mode dérivé un bien qui a appartenu à autrui. Or l'analyse que nous avons faite du contrat et d'une façon plus générale celle de l'acte translatif montrent que la chose acquise par mode dérivé n'a pas été un instant de raison *res nullius*. Le droit en effet ne passe pas d'une personne à une autre; il n'est donc pas en l'air, pour ainsi dire, un instant. Il naît chez l'un en principe au moment même où il disparaît chez l'autre (2).

D'ailleurs ce qui distingue en fait ces deux variétés de

1. Cf. au point de vue historique : Kovalewsky, *Coutumes des Ossètes*, trad. franç., p. 88 : « Il eût été difficile de trouver un terrain qui ne fût pas la propriété de quelque clan ou de quelque tribu et la notion de terrain vague devait faire défaut... la prise de possession appelée *occupatio* n'avait pas lieu pour une terre vacante, mais pour une terre du clan, de l'avis et avec le consentement de la *gens*. Ce n'est qu'une forme dérivée...»

2. Il en est autrement il est vrai en matière de succession. Mais grâce aux art. 777, 1014, etc, c'est pratiquement après l'acceptation comme s'il n'y avait pas eu d'intervalle de temps. D'ailleurs le successeur entend succéder et, de plus, il est soumis aux droits acquis avant le décès. En tout cas, dans l'intervalle, la succession ne serait pas *res nullius* (art. 539 C.) elle appartiendrait à l'Etat. Or, en fait, en supposant que les héritiers renoncent, la succession sera considérée comme ayant fait partie, dès le décès, du domaine. On voit bien que c'est l'acceptation qui, en annihilant en principe les droits rivaux, fait rétroagir le droit de celui qui accepte.

Lévy8

modes c'est le brocard *nemo plus juris* qui ne trouve son application que dans les modes dérivés. Or, nous acceptons ce brocard, sauf à lui donner sa signification précise, à ne le considérer que comme réservant les droits acquis.

Ajoutons qu'il est un mode d'acquérir qu'on classera bien difficilement dans la théorie adverse : c'est la prescription. Elle n'est pas un mode originaire, puisqu'elle fait acquérir une chose qui appartient à quelqu'un. Or, peut-on dire que le prescrivant y tient son droit de celui contre qui il a prescrit ? Donc, semble-t-il, elle n'est pas non plus un mode dérivé. Si, car la chose n'est pas un seul instant *res nullius.* Il y a naissance d'un droit absolu chez le prescrivant au moment où s'éteint celui du *verus dominus.* Donc il faut appliquer à la prescription le principe *res inter alios acta.*

Insistera-t-on et dira-t-on que les modes de transférer les droits ont été créés au profit de leur véritable propriétaire ? C'est résoudre la question par la question. Nous reconnaissons cette idée, mais ce n'est pas de cela qu'il s'agit. Il s'agit de savoir si celui qui a reçu *a non domino* peut cependant acquérir un droit. Et la tradition, et les textes et les principes montrent que cette proposition ne tranche pas la difficulté. En attendant d'autres arguments, qui viendront à leur place, il nous faut prévoir auparavant d'autres objections.

§ 3. *Le jus in re.*

65. — Nous nous croyons en effet débarrassé de notre adage ; le voici qui réapparaît sous une forme nouvelle. Qu'il soit vrai ou non en soi qu'on ne puisse transmettre plus de droits qu'on n'en a cela est pratiquement exact quant à la propriété : on est propriétaire ou on ne l'est pas ; on a le *jus in re* ou on ne l'a pas. Point de milieu. Point de fractions de propriété. C'est le droit absolu, illimité sur la chose ; il porte directement sur elle ; il l'embrasse, il l'absorbe nécessairement tout entière. Il est exclusif de tout droit rival.

Cette fois on invoque encore la tradition des formules et le Code civil.

La tradition des formules : ce sont toutes ces fortes expressions dont les juristes romains imités par nos anciens ont essayé de caractériser le droit sur les choses : *dominium, heredium, plena in re potestas*, etc.

Le Code. On invoque l'art. 544 : la propriété est le droit de jouir et disposer des choses de la manière la plus absolue. On invoque ensuite les différents textes déjà cités et notamment l'art. 717, al. 1, C. pr. où le propriétaire est supposé unique.

Il importe tout d'abord de bien voir la difficulté. Nous ne soutenons pas du tout qu'il puisse y avoir en même temps sur une même chose plusieurs personnes ayant le droit absolu et exclusif d'en jouir et d'en disposer. Ce serait là défendre une proposition contradictoire ; notre thèse n'y conduit pas.

Nous ne prétendons pas non plus qu'il puisse y avoir au même moment sur une même chose, des droits inégaux et une hiérarchie de propriétés. Cette théorie féodale serait en opposition avec notre notion moderne de la propriété et des droits en général.

Tout ce que nous prétendons c'est qu'un titre d'acquisition suffit pour triompher d'un usurpateur sans que celui-ci puisse opposer l'existence chez une tierce personne du droit de propriété, ou l'absence de droit chez l'auteur de son adversaire.

Y aura-t-il pour cela deux ou plusieurs personnes pouvant à la fois jouir et disposer de la chose de la manière la plus plus absolue ? Nullement. Car il suffira que le *verus dominus* se montre et agisse pour que disparaisse le droit du *possessor bonœ fidei*. Ainsi à aucun moment il n'y a deux personnes à la fois pouvant légitimement avoir l'une par rapport à l'autre la possession de la même chose. Et c'est là tout ce qu'exigent soit les définitions traditionnelles du droit de propriété soit celle de l'art. 544. Elles ne nous présentent pas ce droit comme nécessairement absolu, opposable à tout instant à tous mais comme une faculté de jouir de la manière la plus absolue. En d'autres termes le droit est absolu et exclusif dans ses effets, tant qu'il existe : il permet de modifier, d'épuiser, d'anéantir la substance de la chose. Mais il n'est pas absolu en lui-même. Il ne serait plus alors un droit de propriété, mais un droit de souveraineté. En présence d'un droit de souveraineté il n'y a place pour aucun droit qui n'en soit pas la délégation. En présence d'un droit de propriété, droit individuel, il y a place, tant que ce droit ne se manifeste pas, pour d'autres droits qui se manifestent. Les droits ne sont pas illégitimes en soi pourvu qu'ils aient une origine légale. Ils ne le sont que par rapport au propriétaire préférable. Celui-ci a, s'il le veut, quand il le veut, pour les faire évanouir, une action réelle, une action personnelle. Mais comment des tiers sans droit pourraient-ils faire valoir cette action que ce propriétaire n'intentera d'ailleurs peut-être jamais? Ils ne le peuvent pas plus qu'ils ne pourraient opposer à la revendication d'un usufruitier que celui-ci abuse de sa jouissance.

66. — En somme on joue sur les mots, on abuse d'une formule : le *jus in re*. Mais cette expression n'est, comme bien d'autres expressions juridiques, qu'une manière commode de s'exprimer, dont on ne peut faire la base d'une théorie. Elle résume d'une manière frappante les effets du droit de propriété ; elle n'en définit pas la nature. *Jus in re*, dit-on, par conséquent droit unique.

Mais, ainsi que répond Ihering (*Esprit*, trad. fr. t. 4, p. 35), « où donc est-il écrit que la nature du droit sur la chose consiste à ne pouvoir être primé par personne ? La possession, dans son idée originaire, n'est autre chose que la propriété sur la défensive... On ne peut dénier à la *bonæ fidei possessio* d'être un droit sur la chose. On ne s'y serait pas trompé, si la législation n'avait consacré l'idée de la propriété et de la protection qui lui est due que dans cette forme rudimentaire. Mais à côté d'elle le droit romain a créé la forme plus énergique de la *rei vindicatio,* et c'est uniquement à cause de cela que l'on n'a pas reconnu jusqu'ici la possession de bonne foi comme une forme de propriété. On l'a laissée se confondre avec l'*actio Publiciana*... Cette classification systématique et la conception qui s'y manifeste seraient exactes si la Publicienne était uniquement créée pour le propriétaire et était ainsi liée à la preuve de la propriété. Mais comme elle est précisément destinée à remplacer cette preuve par une autre plus facile que le non propriétaire aussi peut fournir, elle devient par cela même le moyen de protéger un rapport matériel indépendant, existant en dehors et à côté de la propriété. Aussi longtemps que ce rapport ne succombe pas dans un conflit avec l'une ou l'autre, ces rapports se meuvent dans leurs sphères déterminées avec toute la force et toute l'autorité d'un droit. Que ce droit puisse parvenir à disparaître, peu importe ; son autorité antérieure ne saurait être déniée. »

Au point de vue logique, on ne saurait, à notre avis, mieux dire. Au point de vue historique, nous ne pouvons accepter tout à fait ces considérations. Il nous semble et nous avons essayé de montrer que la *rei vindicatio* protégeait un droit plus fort que l'*actio publiciana,* non par suite de sa nature, de son mécanisme, mais parce qu'en fait on se servait de la *rei vindicatio* quand on pouvait invoquer l'usucapion. En soi, elle permettait sans doute, au contraire, de protéger un droit simplement relatif. Et la tendance à considérer le droit relatif comme un droit à part fut bien plus, à notre avis, une conséquence de la Publicienne que de la revendication. Dans l'édit Publicien nous voyons confondus le cas de l'acquéreur *a do-*

mino et celui de l'acquéreur *a non domino*. Mais chez les jurisconsultes classiques l'acquéreur *a domino* était déjà si différencié de l'acquéreur *a non domino*, qu'on l'appelait simplement *dominus*. On évitait de l'appeler *bonæ fidei possessor*. Nos sources qui nomment l'acquéreur *a domino* trois fois *bonæ fidei emptor*, ne le désignent pas une seule fois comme *bonæ fidei possessor*. Cela se comprend; le désir de classifier des juristes romains était mis en éveil : car la *bona fides* donnait lieu à une appréciation de nature toute différente pour l'acquéreur *a domino* et l'acquéreur *a non domino*. Il en était autrement avant la Publicienne alors qu'il s'agissait d'examiner l'accomplissement de formalités qui étaient les mêmes pour l'un et pour l'autre. Et dans les Pandectes, la séparation est encore plus tranchée ; c'est d'un côté le droit acquis *a domino*, peu importe qu'il le soit par mancipation, *in jure cessio ou traditio :* ce droit est défendu par la *rei vindicatio*. Et c'est de l'autre le droit acquis *a non domino*, celui protégé par la Publicienne. Une Publicienne d'ailleurs théorique, confondue en fait avec la revendication. Et l'opposition des droits comme celle des actions est, elle-même, plus formelle que pratique ; d'où l'imprécision du langage : *bonæfidei possessor est et dominium habet*, nous dit un texte d'Ulpien, D., 11, 7, 14 § 1 (1). Ce texte est suspect (voy. Pernice, Labeo, II, p. 189, note 47. Lenel, Paling, II, p. 565, n° 1) ; mais s'il ne nous livre pas la pensée d'Ulpien, en tout cas, il nous fait connaître celle qu'imposaient malgré les distinctions d'école, la pratique et la jurisprudence.

Ainsi s'explique historiquement que les juristes aient opposé la *bonæ fidei possessio* à la propriété, aient exigé que cette dernière fût absolument unique.

67. — Cela s'explique-t-il logiquement ? *jus in re*, droit

---

1. V. Ermann, op. cit., *in fine*.

réel, est-ce bien, au fond, un droit sur la chose? Certainement non ; la raison en est claire. Kant l'exprime avec précision. « La définition ordinaire du droit sur une chose (*jus reale, jus in re*), à savoir « le droit envers tout possesseur de cette chose », est une bonne définition de mot. Mais qu'est-ce qui fait que je puis revendiquer une chose extérieure auprès de quiconque en serait le détenteur et le contraindre (*per vindicationem*), à m'en remettre la possession ? Ce rapport juridique extérieur serait-il un rapport immédiat de mon arbitre à une chose corporelle ? Il faudrait alors, le devoir correspondant toujours au droit, que celui qui pense que son droit ne se rapporte pas immédiatement à des personnes, mais à des choses, se représentât (bien que d'une manière obscure), la chose extérieure comme demeurant obligée à l'égard de son premier possesseur, quoiqu'elle fût sortie de ses mains, comme se refusant à tout autre soi-disant possesseur puisqu'elle est déjà obligée vis-à-vis du premier ; de telle sorte que mon droit, semblable à un génie qui accompagnerait les choses et les garantirait de toute attaque extérieure, me signalerait toujours le possesseur étranger. Il est donc absurde de concevoir l'obligation d'une personne envers des choses et réciproquement, quoiqu'il soit très permis de rendre sensible par cette image le rapport juridique et de s'exprimer ainsi » *Métaphysique de la doctrine du droit*, trad. Barni, p. 88 et sq.).

Ainsi le droit sur une chose se ramène à un droit contre des personnes. Ce droit nous le tenons, comme toute faculté, de la loi qui oblige à respecter les manifestations légitimes de la personnalité. Or, la propriété étant un droit contre des personnes on conçoit fort bien qu'elle puisse exister à l'égard de certaines personnes sans être quant à d'autres personnes. A moins d'en faire une entité et comme un être juridique, on comprend qu'elle soit opposable ici sans l'être là. On ne comprendrait pas le contraire : il faut que, comme notre énergie, comme nous-mêmes, elle soit protégée à l'encontre de tous ceux dont elle ne viole pas les droits (1).

Notre exposé historique nous dispense d'insister sur la démonstration par le fait de cette théorie. L'action de propriété fut au début une action personnelle ; elle resta toujours et nécessairement une action contre une personne. D'autre part la *rei vindicatio*, comme la Publicienne avait, à notre avis, un caractère relatif. Voilà pour les arguments tirés de la procédure.

§ IV. — *Le droit relatif dans le Code*

68. — Quant aux arguments tirés du droit, il nous suffit de rappeler des hypothèses dans lesquelles plusieurs personnes peuvent prétendre à la propriété d'une chose.

C'est ce qui arrive par suite des règles sur la transcription, sur la preuve du titre (art. 1319 et 1322, cp. art. 1328), ou de celles sur les contre-lettres (art. 1321).

C'est ce qui résulte encore de l'art. 2279, al. 2 : l'acquéreur de la chose volée ou perdue est propriétaire. Toutefois il est exposé pendant trois ans à une action en revendication. Rapprochons de ce texte l'art. 1141 : l'acquéreur mis en possession réelle « est préféré » à l'acquéreur premier en date. Qui soutiendra que celui-ci n'aurait pas la préférence sur les tiers usurpateurs ? (art. 711, 1319, 1322, 1328).

Enfin ce caractère relatif du droit ou plutôt cette multiplicité possible de propriétés résulte même des règles sur la prescription. Celle-ci peut, en effet, être affectée de vices purement relatifs dont certaines personnes seulement peuvent exciper (v. Aubry et Rau, t. 2, § 180). Et d'autre part elle est

---

1. Nous avons dit la même chose des obligations. La théorie des nullités relatives en est une preuve suffisante. On pourrait appliquer les mêmes idées à l'hypothèque (indépendance du droit de suite et du droit de préférence).

exposée à des causes de suspension et d'interruption dont certains seulement peuvent se prévaloir (v. Aubry et Rau, t. 2, § 215). Dans ces hypothèses, le possesseur sera propriétaire à l'égard des uns sans l'être à l'égard des autres.

Voilà ce que la loi fait de la propriété dans des cas ou on nous la représente comme idéale, comme absolue.

Qu'on ne vienne donc pas nous dire que notre thèse est contraire à la notion légale du droit de propriété. Si la loi suppose toujours le propriétaire comme unique, elle ne dispose nulle part qu'il le soit nécessairement. Le Code lui-même implique la proposition opposée.

69. — Il est d'ailleurs des situations juridiques qu'il nous paraît impossible d'expliquer si l'on n'admet cette pluralité possible de droits.

Nous citerons d'abord, et sans y insister autrement, les effets rétroactifs des conditions qui peuvent affecter un acte translatif de propriété. On en est réduit à faire de cette rétroactivité une fiction si l'on n'admet que dès le contrat il existe au profit de chacun des deux contractants un droit relatif. L'un de ces deux droits, celui de l'acquéreur sous condition suspensive, celui de l'aliénateur sous condition résolutoire est même réduit à son minimum puisqu'il n'agit qu'à l'encontre de l'autre partie et de ses ayant-cause.

70. — Nous citerons ensuite les droits du *verus dominus* et du possesseur, quant aux constructions élevées par ce dernier. La jurisprudence tend de plus en plus à reconnaître au possesseur et particulièrement au locataire du fonds un droit de propriété sur ces constructions. Ce droit nous paraît très justifié ; il nous semble même que les tribunaux devraient l'affirmer plus nettement et en déduire avec moins d'hésitation qu'ils ne le font les conséquences. En effet, l'article 555 reconnaît au constructeur, à l'encontre du propriétaire du fonds, une action en indemnité. Il nous en paraît résulter un droit à la propriété par rapport aux tiers. Sinon, un usurpateur quelconque pourrait conserver la possession du fonds sans être obligé envers le constructeur, celui-ci n'ayant qu'une créance contre le propriétaire. Le constructeur ne pourrait pas prétendre que le possesseur s'enrichit à ses dépens ; le premier, en effet, n'étant pas propriétaire, le second ne prétendant pas le devenir et celui-là conservant en tout cas sa créance contre le *verus dominus*. Donc à moins d'accepter ces conséquences absurdes il faut reconnaître que l'art. 555 implique au profit du constructeur un droit à la propriété de la construction et qu'il s'efforce de concilier ce droit avec celui résultant de l'accession au profit du propriétaire du fonds (1).

Nous pourrions ajouter des exemples tirés des règles d'ailleurs peu intéressantes sur l'accession en matière de meubles (a. 565 et sq.).

Nous pourrions encore rappeler ici toutes les exceptions énumérées au prétendu principe : *nemo plus juris*. Mais les exemples indiqués suffisent pour montrer la multiplicité possible de droits de propriété sur une chose. Et le caractère de ce droit, comme droit contre des personnes, explique cette possibilité.

§ 5. *Droit de propriété et droit de créance.*

71. — Toutefois, il nous faut encore insister sur ce caractère. Nous craignons en effet qu'on ne nous dise : Faire du droit de propriété un droit contre des personnes, c'est en faire en réalité un droit personnel, c'est nier la distinction fondamentale de la loi entre la créance et le droit réel. Le droit réel, c'est celui « qui, créant un rapport

1. Nous renvoyons pour d'autres arguments et pour les conséquences pratiques aux ouvrages de M. Cuénot et de M. Larcher sur les constructions élevées sur le terrain d'autrui.

immédiat et direct entre une chose et la personne au pouvoir de laquelle elle se trouve soumise, d'une manière plus ou moins complète, est par cela même susceptible d'être exercé non pas seulement contre telle personne déterminée, mais envers et contre tous. » Le droit personnel, au contraire, « se rattachant à un lien d'obligation existant entre deux personnes déterminées, n'est de sa nature susceptible d'être exercé que contre la personne obligée et contre ceux qui sont tenus de ses engagements » (Aubry et Rau, t. II, § 172). Or, n'est-ce pas confondre ces deux droits que de réduire la question de propriété à celle de savoir si une personne est obligée à restitution envers une autre personne ?

Nous ne nions pas la différence profonde qui sépare le droit de propriété du droit de créance. La différence est surtout importante au point de vue social : la propriété, c'est le droit par excellence, celui qui fait directement ou indirectement des autres nos obligés. Cette prérogative est si grave que la supprimer pour transformer ce droit en une simple créance est l'objectif d'une école sociale. Aussi comprend-on que le législateur donne à la propriété et à ses démembrements une réglementation à part et limite rigoureusement leurs attributs.

Mais quant au mécanisme juridique, il importe de ne pas exagérer l'opposition entre le droit réel et le droit de créance.

Rappelons encore une fois le caractère personnel de notre action dans le très ancien droit (1). Rappelons que sous la procédure formulaire, les condamnations ont pour objet invariable de l'argent (Gaius, IV, § 48), ce qui exposait le propriétaire lui-même à la loi du concours. N'oublions pas non plus que la *rei vindicatio* était possible con-

1. V. notre exposé de l'ancien droit.

tre celui qui avait perdu la possession par dol et contre celui qui, ne possédant pas, s'était néanmoins présenté comme possesseur ; elle avait alors nécessairement et exclusivement les caractères d'une action en indemnité.

D'autre part, dans le très ancien droit de Rome, on peut dire et on a dit que, grâce à la *pignoris capio*, à la *manus injectio*, il n'y avait pas de droits de créance, mais plutôt des droits réels. Ces moyens d'exécution, en effet, donnaient directement ou indirectement un droit sur la personne ou les biens mêmes de l'obligé (cf. Kuntze, *Die Obligationen*, 4 ; Gérardin, *Nouv. Rev. hist.*, 1887, p. 711, n. 1 ; Bourcart sur Muirhead, 588 ; Cogliolo, *Storia*, II, 118 ; Cuq, *Anc. dr. fr.*, 570).

Et, de même, dans notre ancienne France, le droit de créance avait, grâce à l'*obligatio bonorum*, à l'hypothèque résultant des actes notariés et jugements, une puissance réelle (Voy. Esmein, *Contrats dans le très ancien droit français*).

Aujourd'hui, la différence n'est pas si tranchée qu'il semble.

D'une part, quant aux obligations, elles prennent un caractère de réalité soit par l'hypothèque judiciaire, soit par les privilèges ou hypothèques que la loi y attache. Munir ainsi une obligation, qu'est-ce autre chose que lui donner le droit de suite et le droit de préférence ?

Le droit de préférence, nous le voyons d'ailleurs accompagner des obligations par suite de simples circonstances de fait : le fait par le créancier de détenir la chose à l'occasion de laquelle il est créancier, lui donne, dans certains cas, peut-être même toujours, un droit de rétention. La circonstance que le créancier est obligé envers son débiteur, lui donne, sous certaines conditions, le droit de se payer de sa créance par sa dette et d'échapper ainsi à la loi du concours. Notons dans le même ordre d'idées la théorie du rapport des dettes et celle du droit de reprises dans la matière du partage.

D'autre part, si le droit de suite et le droit de préférence accompagnent souvent la créance, la propriété est souvent privée de ces deux attributs.

L'art. 2270 lui enlève en partie le droit de suite quant aux meubles corporels.

Et elle est privée du droit de suite et du droit de préférence lorsqu'elle se manifeste en justice, non pour revendiquer la possession, mais pour demander réparation des dommages qui lui sont causés. Ici, dira-t-on, elle se manifeste sous forme de droit de créance. Nous en sommes d'accord, mais ce n'est pas pour nous une objection : car, sous forme de droit de créance, c'est, nous le répétons, le droit de propriété qui s'exerce. Ainsi, cette simple circonstance de fait que la restitution totale ou partielle de l'objet est impossible, transforme l'action de propriété en une action personnelle.

Si, après cette étude rapide du mécanisme des droits, nous examinons leur nature intime, le résultat sera le même.

On dit : le droit réel suppose une chose déterminée dans son individualité sur laquelle il porte. Cela est vrai. Mais cela ne le distingue que des obligations qui n'ont pas pour objet une chose déterminée. Encore convient-il ici de rappeler que l'action de propriété peut avoir directement pour objet, ainsi que nous venons de le montrer, des dommages-intérêts, c'est-à-dire la livraison d'une chose qui ne peut être déterminée que dans son espèce. D'une façon générale, d'ailleurs, l'action réelle a pour objet, comme l'action personnelle, une prestation, en d'autres termes, l'accomplissement d'un fait : ce fait est l'abandon de la chose par le possesseur.

On dit encore : « Celui auquel appartient un droit réel peut en poursuivre l'exercice sur la chose même soumise à ce droit, et contre tout possesseur ou détenteur de cette chose. Au contraire, celui qui n'est investi que d'un droit personnel, c'est-à-dire le créancier, ne peut l'exercer que contre la personne obligée à la prestation, c'est-à-dire contre le débiteur » (Aubry et Rau, t. 2, § 173).

Nous ne voyons pas la différence. Comme l'action qui naît du droit de propriété, celle qui naît du droit de créance peut être exercée contre quiconque le viole. Il est vrai qu'en fait une seule personne, en général, est obligée par le droit de créance et que toutes, en général, le sont par le droit de propriété. Autrement dit, il est vrai que le droit résultant d'une créance n'est, en général, susceptible d'être violé que par une personne, tandis que le droit de propriété peut l'être par tous. Mais remarquons que tous les droits résultant de la personnalité et indépendants de relations contractuelles, que tous les droits enfin auxquels correspondent des obligations délictuelles ou quasi-délectuelles sont susceptibles d'être violés par tous. On peut donc dire que ces droits sont, comme celui de propriété, munis d'un véritable droit de suite. On ne le dit pas simplement, parce que le jurisconsulte ne les envisage que quand ils sont violés, qu'au moment où ils donnent naissance à une obligation, tandis qu'il étudie le droit de propriété en lui-même, indépendamment de sa violation. Encore faut-il ajouter, encore une fois, que le législateur considère comme délictuelles des obligations auxquelles correspond comme droit la propriété.

Il est vrai que la revendication est pour lui de nature purement réelle. Dira-t-on que c'est parce que le propriétaire obtient par elle pleine satisfaction ? Mais il en est de même de toute action personnelle qui n'a pour objet qu'une abstention. C'est simplement parce qu'elle vise une semblable abstention que notre action est ainsi favorisée (1).

En un mot, actions réelles ou actions personnelles, toutes ont pour but, pour raison d'être le respect de la personnalité qu'elles protègent contre d'autres personnalités : en ce sens, on pourrait dire qu'elles sont toutes personnelles.

Nous comprenons qu'on oppose l'action qui résulte de la propriété à celle qui naît d'un contrat, en raison du caractère individuel de ce rapport. Mais nous comprenons moins qu'on l'oppose à celles qui naissent en général et directement de la personnalité et qui résultent de l'article 1382.

Qu'on étudie à part ces diverses actions, soit : cela est utile et même nécessaire au point de vue doctrinal. Mais nous avons intérêt pour notre thèse à rappeler qu'il n'y a pas ici de différences fondamentales. Nous croyons avoir par là répondu à cette objection que l'on nous fait de confondre l'action réelle et l'action personnelle. Nous ne les confondons que dans la mesure où elles sont identiques. Ce qui les distingue, c'est simplement que la première a pour but la possession (2). Et cela, notre thèse ne le conteste pas.

Elle ne conteste pas non plus qu'on puisse et qu'on doive, en se plaçant à un point de vue purement formel, accepter les différences que nous avons combattues.

Surtout si elle nie qu'il y ait entre l'action délictuelle et

---

1. Elle ne l'est d'ailleurs que dans cette mesure. Quant aux dommages-intérêts, elle est moins efficace qu'une action délictuelle ordinaire. Nous faisons allusion ici surtout aux règles qui concernent les actes du possesseur de bonne foi.

2. Sauf d'ailleurs à ne pas oublier que par là on entend dire que son but est d'obliger un tiers à s'abstenir de posséder. Le propriétaire, au fond, ne « revendique » pas plus sa chose qu'un créancier de l'art. 1382 ne revendique sa personnalité.

la revendication une différence fondamentale, elle reconnaît l'abîme qui sépare le droit même de propriété de tous autres droits. Bien plus, elle implique entre eux une opposition complète. Assimiler le droit de propriété aux droits qui résultent de la personnalité, c'est reconnaître que la loi en fait un véritable complément de l'individu dont il augmente les moyens d'action. Mais la propriété elle-même est au-dessus de la division des actions en actions réelles et personnelles. Il n'en est pas une seule en effet qui n'en soit une conséquence, qui n'ait pour but de protéger la nôtre ou d'attaquer celle d'autrui.

Après cet aperçu théorique, ce serait maintenant le moment de montrer les conséquences pratiques des atténuations qu'il convient d'apporter au classement rigoureux des droits en réels et personnels. Nous ne le pouvons quant aux créances ; ce serait sortir de notre cadre. Indiquons seulement qu'il nous paraît impossible d'expliquer d'autre façon les hypothèses dans lesquelles, soit le législateur, soit une jurisprudence fidèle à la tradition reconnaissent, en dehors de tous privilèges ou hypothèques, une sorte de droit de préférence à certains créanciers (compensation, rétention, rapport des dettes, etc.).

Ce droit de préférence résulte de circonstances où l'obligation du débiteur se trouve transformée en une *obligatio abstinendi*, parce que le gage de son créancier est, en vertu d'une cause légitime, à la disposition de celui-ci : par suite, les autres créanciers ne peuvent reprocher au débiteur de manquer à ses engagements, de préférer l'un aux dépens des autres. On dit généralement que ce qui explique ces dérogations au principe d'égalité, c'est que le débiteur manquerait à la bonne foi,en ne laissant pas dans les hypothèses citées le créancier se payer lui-même. Mais il s'agit de montrer qu'il ne manque pas à la bonne foi envers les au tres créanciers. Quant à sa bonne foi envers le créancier nanti, il n'y a pas à en parler, puisque ce dernier a droit, tant qu'il n'est pas payé, à la rétention de son gage.

Quant à l'application de cette idée aux droits réels, il y a tout d'abord celle qui nous a amené à cette discussion : la possibilité d'une action de propriété, ayant un caractère relatif.

Il y a en outre l'hypothèse de l'art. 2279. Tout le monde admet aujourd'hui que ce texte ne peut être invoqué que par le possesseur de bonne foi. Pour nous cette solution se justifie amplement par les raisons que nous avons données dans notre partie historique : ce que voulut la jurisprudence du Châtelet suivie par le Code, fut de dispenser de la preuve écrite d'un titre d'acquisition ; possession vaut titre en matière mobilière, c'est-à-dire qu'elle permet de revendiquer un meuble comme le permet un titre écrit pour les immeubles. Mais elle ne le permet qu'à la même condition, à savoir que ce titre soit acquis de bonne foi. Aubry et Rau refuse, en s'appuyant sur notre texte, la revendication au possesseur de bonne foi. Mais par contre, il lui reconnaît une action en restitution fondée sur les art. 1382 et 1383. « Ce qui prouve, dit-il, que l'action compétant en pareil cas au propriétaire n'a pas le caractère d'une action réelle, et ne repose que sur un rapport d'obligation personnelle, c'est que, d'une part, elle ne suit pas la chose entre les mains d'un possesseur de bonne foi auquel le possesseur de mauvaise foi l'aurait transmise, et que, d'autre part, ce dernier reste, malgré cette transmission, soumis à une action en dommages-intérêts de la part du précédent possesseur ». (T. 2, § 183, note 11). Il y a, à notre avis, dans ce raisonnement, une contradiction. Il faut choisir : ou il n'y a pas de propriété en matière de meubles ; alors on ne voit pas quel est le délit du possesseur de mauvaise foi ; ou il y a une propriété et alors celui-ci est sans droit et par conséquent exposé à la revendication. Remarquons d'ailleurs qu'on arrive à une conclusion identique à la nôtre, même en partant de l'idée d'Aubry et Rau : s'il est vrai que le possesseur de mauvaise foi est obligé à restitution en vertu de son délit, il a cessé d'être propriétaire au moment même où il le devenait : car la propriété se transmet par l'effet des obligations (a. 711), d'où la revendication (1).

Au fond l'idée d'Aubry et Rau est d'ailleurs exacte. C'est bien en vertu de son délit, que le possesseur est tenu. Mais il n'en est pas moins exposé à la revendication. Qu'il n'y ait pas ici droit de suite complet, qu'importe ! Que l'action puisse se transformer en une action en dommages-intérêts, qu'importe encore ? Il suffit que dans notre hypothèse elle tende à une mise en possession pour qu'elle soit revendicatoire et soumise par conséquent aux règles propres à l'action réelle.

§ VI. *Articles 1315, 1er al. et 1165.*

72. — C'en est maintenant fini pour nous avec les objections principales. Il semblerait pourtant, à lire les auteurs, que la discussion ne serait même pas encore entamée par nous. Et en effet, les arguments que nous venons de combattre, on les tient pour si évidents qu'on les suppose plus qu'on ne les invoque. On ne met en avant que des idées d'importance secondaire, dérivées de l'adage *nemo plus juris* et qui doivent par conséquent subir le même sort.

Toute la discussion porte sur l'art. 1315 et l'art. 1165, C. c.

73. — Article 1315, 1er al.: Celui qui réclame l'exécution d'une obligation doit la prouver. Ce texte ne fait qu'appliquer le principe : *actori incumbit probatio.* Donc le demandeur en revendication doit prouver son droit, tout son droit.

---

1. Cf. Colmet de Santerre, t. 8, n° 387 *bis*, XI.

On pourrait répondre, en suivant la méthode de l'auteur qui invoque cet argument, de M. Laurent, que l'article concerne les obligations, non les droits réels et que le principe *actori incumbit...* n'est écrit nulle part (V. Debrand : *Essai sur la preuve de la propriété immobilière*). Nous ne le ferons pas : le prétendu propriétaire soutient que la possession de son adversaire est par rapport à lui illégitime ; qu'il le prouve en démontrant son propre droit ; sinon, il est tenu de respecter la personnalité d'autrui. Il est d'ailleurs faux de soutenir que l'article 1315 soit étranger au droit de propriété et qu'on est obligé en notre matière d'invoquer l'adage : *actori incumbit ...* Nous le répétons : dans l'action de propriété comme dans toute action, il s'agit de prouver une obligation : c'est ici celle du possesseur tenu de déguerpir.

Nous répondrons beaucoup plus simplement que le propriétaire prouve son droit en prouvant son titre (1). Cela est conforme au but de celui-ci comme d'ailleurs à la tradition de notre ancien droit où cette question n'a jamais fait, nous l'avons vu, de difficulté. Mais on objecte alors l'art. 1165.

74. — Article 1165 : « Les conventions n'ont d'effet qu'entre les parties contractantes ; elles ne nuisent point au tiers... » Or, dit-on, ce qui est vrai des conventions en général est vrai des contrats d'acquisition en particulier. Donc un tel acte ne saurait suffire à expulser le possesseur qui est un tiers.

C'est raisonner un peu vite. S'il est exact que le titre ne l'emporte pas sur la possession, cela doit s'appliquer au titre qui provient *a domino* comme aux autres. Comme ceux-ci il est étranger au possesseur.

L'argument va donc trop loin : on ne saurait avoir de titre commun avec un usurpateur.

1. Nous pouvons invoquer ici l'autorité de M. Garsonnet, Procédure, t. 3, § 466, note 1.

Cela est surtout frappant si l'on suppose que l'acte invoqué est un partage. C'est uniquement cet effet, cet acte, ce n'est pas la prescription que l'on invoque pour prouver son droit divis.

Cette preuve par l'absurde ne nous suffit pas ; nous voulons une réponse directe. La jurisprudence répond que l'art. 1165 est étranger à la question : il ne s'agit pas en effet d'opposer au tiers un contrat, mais la propriété acquise par le contrat. Autrement dit, et pour donner une formule plus précise, le demandeur ne prétend pas que le tiers est obligé de respecter son contrat d'acquisition mais qu'il est tenu de respecter la propriété légitimement acquise. Il invoque une sorte d'obligation délictuelle ; or la preuve d'une telle obligation ne suppose pas un titre commun.

Il n'en reste pas moins vrai que le titre d'acquisition, comme tout titre, ne peut nuire aux tiers. Autrement dit, il faut en matière de propriété comme ailleurs respecter les droits acquis. Aussi, obéissons-nous à l'art. 1165, après avoir fait remarquer qu'on en fait chez nos adversaires une mauvaise application. Nous le respectons, car, dans notre théorie, le titre n'est opposable qu'au tiers qui n'était pas en possession à l'époque du contrat acquisitif de son adversaire : ce tiers n'avait évidemment pas de droit acquis puisqu'il n'avait pas de droit ; on ne pouvait donc lui nuire, on ne pouvait lui causer un préjudice juridique. Or, c'est seulement pour triompher d'une personne ayant un droit acquis qu'il faut un titre commun avec elle (1).

En un mot, le titre est invoqué ici non comme obligeant le tiers mais comme prouvant la propriété qui l'oblige. Or,

---

1. Remarquons, d'ailleurs, que l'art. 1165 ne suppose pas du tout qu'on ne puisse opposer à un tiers quelconque une convention ; il ne dit pas « aux tiers », mais bien « au tiers », c'est à dire nécessairement à une personne déterminée à laquelle on prétendrait enlever un droit.

ce titre fait certainement foi de la convention qui y est contenue non seulement entre les parties mais encore à l'égard des tiers (1).

§ VII. *La prescription décennale.*

75. — Tous ces arguments étant discutés, nous pouvons conclure que rien ne prouve que le Code civil ait repoussé la théorie de la revendication telle qu'elle était comprise par la pratique de Rome et de notre ancien droit.

Nous voudrions montrer maintenant que non seulement elle fait partie, en raison de sa nécessité, de l'organisme juridique, mais qu'elle est vraiment impliquée par nos lois.

Nous avons déjà eu occasion de le remarquer à propos de l'art. 2279 : il est impossible de le comprendre textuellement et logiquement si le titre acquisitif ne fait pas preuve complète du droit en matière d'immeubles.

Nous ferons une remarque analogue à propos de la théorie de la prescription.

76. — Nous disons que la théorie de la prescription acquisitive implique au profit de celui qui l'invoque l'existence d'un droit qui remonte au début même de la possession.

Cela nous paraît tout d'abord écrit dans les art. 2262 et 2265.

Article 2262 : « Toutes les actions tant réelles que personnelles sont prescrites par trente ans... » Ainsi le Code fait de la prescription prétendue acquisitive du droit une prescription extinctive de l'action. Il ne se demande pas quand

---

1. V. sur ce point notamment Aubry et Rau, t. 8, § 212. Nos adversaires font ici la même confusion que le législateur (art. 1319, al. 1, et 1322). Admettre qu'un titre qui constate un droit n'en fait pas preuve à l'égard des tiers, c'est tout simplement nier qu'il y ait des droits réels. Soit par exemple un possesseur ayant prescrit. Refusera-t-on à un créancier hypothécaire du précédent propriétaire le droit de lui opposer son titre ?

le possesseur devient propriétaire, mais quand son adversaire cesse de l'être.

On dit que le premier devient le maître par voie de conséquence. Dans la théorie de nos contredicteurs cela ne s'explique pas : il ne suffit pas qu'autrui perde une action pour que nous acquérions un droit. Pour nous cela est très simple : dès le commencement de sa possession et par cela seul qu'il possède, l'individu a un droit. Il a un droit parce qu'il est une personne et que toute manifestation de sa personnalité est légitime tant qu'elle ne viole pas la personnalité d'autrui. C'est ce droit que l'on appelle la possession. Les uns lui donnent comme base l'ordre public, d'autres l'utilité, d'autres lui refusent d'être un droit indépendant, protégé pour lui-même et ne lui reconnaissent de valeur juridique que parce que les actions qui la défendent, défendent indirectement la propriété. Au fond toutes ces théories se confondent et il n'y a là qu'une question de mots. L'ordre public est fait de la protection des personnes. L'utilité suprême, « le but », selon l'expression d'Ihering, c'est aussi le respect et le développement de la personnalité. Et au lieu de faire de la possession « une position avancée de la propriété », il est plus simple et plus juste de dire avec Ihering lui-même qu'elle est une propriété sur la défensive. On dit qu'elle est le droit d'exercer la propriété ; qu'est-ce à dire, sinon qu'elle est, tant qu'elle existe, la propriété même, « le droit de jouir et disposer de la chose de la manière la plus absolue » (art. 544, C. civ.)?

Elle est cela tant qu'elle existe, dans la mesure où elle existe. Elle est le droit de propriété résultant de son exercice. Ce droit ne donne pas, il est vrai, naissance à la revendication. Cela se comprend : le simple possesseur n'a affirmé et n'a pu légalement affirmer que la volonté d'user de la chose. La loi le protège tant qu'il agit. Après il n'a plus de titre. Mais en attendant il avait un droit. C'est ce qui explique l'art. 2262. Il nous dit qu'après trente ans ce droit devient légitime à l'égard même du *verus dominus* qui perd son action. Strictement il ne devrait être protégé après comme avant les trente ans qu'au moyen d'une exception, sauf que cette exception deviendrait opposable même au véritable propriétaire. Et c'est bien ainsi que la *longissimi temporis præscriptio* fut comprise au début. Comment en vint-on plus tard à donner à ce droit un caractère offensif? Il y eut, à notre avis — nous ne voyons pas d'autre explication possible — influence sur la prescription trentenaire de la *longi temporis præscriptio*. On considéra qu'il était excessif d'exiger encore après trente ans la production d'un juste titre et l'on en dispensa le prescrivant (1).

On sait, en effet que le préteur accorda à celui qui pouvait invoquer la *longi temporis præscriptio* une revendication utile (L. 3, pr., C. VII, 39, V. Accarias, t. I, n° 245). Cette revendication allait de soi ; elle n'était au fond que la Publicienne délivrée, grâce à la *præscriptio longi temporis*, de l'exception de propriété. C'est parce que l'acquéreur avec juste titre et bonne foi avait l'action de propriété qu'au bout de dix à vingt ans on put le faire triompher de tous.

Ce qui était vrai en droit romain est encore vrai aujourd'hui. Lisons l'article 2265 : « Celui qui acquiert de bonne foi et par juste titre un immeuble, en prescrit la propriété par dix ans, si le véritable propriétaire, etc... ».

1. Sur les caractères et l'évolution de ces institutions nous renvoyons à un manuel quelconque de droit romain et d'histoire du droit.

Citons seulement un texte caractéristique, Flaust (*Coutumes et Jurisprudence de Normandie*, t. II, chap. III, de la loi apparente) : « Il faut que le demandeur soit en état de prouver sa propriété par titre... Bérault indique un moyen de subvenir au défaut de titres que j'admettrais difficilement. Il substitue au titre une preuve de possession continuée par et depuis 40 ans... Je crois qu'il faut être en actuelle possession pour opposer la prescription de 40 ans. Cette prescription a été introduite en faveur du possesseur, dont la saisine actuelle fait un premier titre. »

Ainsi il y a d'un côté « le véritable propriétaire », et de l'autre « celui qui acquiert ». Si celui-ci n'est pas le véritable propriétaire, il est cependant propriétaire, en vertu de l'article 711. Notre texte d'ailleurs l'implique : il a acquis, mais il lui reste à prescrire la propriété. Contre qui ? Contre les tiers quelconques ? Est-ce que ceux-ci vont pouvoir lui opposer que le *verus dominus* est domicilié ici ou là ? En quoi cela les regarde-t-il ? Bien évidemment le Code, à l'exemple du droit romain auquel il a emprunté telle quelle cette institution, entend seulement ici régler les rapports de l'acquéreur et du véritable propriétaire. Autrement dit il détermine au bout de combien de temps l'action de ce dernier s'éteint. Aussi fait-il varier ce délai avec le domicile du propriétaire, tenant compte de sa négligence plus ou moins grande à n'avoir pas agi. En d'autres termes, notre prescription est restée comme à Rome, elle est comme celle de l'art. 2262, une prescription extinctive. On peut l'appeler, si l'on veut, acquisitive, puisque pratiquement elle fait acquérir ; mais, c'est là une question de terminologie qui ne peut avoir influence sur le fond du droit.

Ce qui prouve au surplus que la prescription est bien extinctive et que le législateur la base sur un droit, prouvé (art. 2265) ou non prouvé (art. 2262) du possesseur, c'est sa rétroactivité (arg. a. 1402). On ne saurait expliquer, à notre avis, cette rétroactivité autrement que par l'existence d'un véritable droit de propriété au début même de la possession.

Nous argumenterons encore des différents textes qui montrent le législateur se préoccupant avant tout des caractères de la possession à son commencement pour la prescription de dix à vingt ans. Il est nécessaire mais il suffit qu'il y ait eu juste titre et bonne foi, peu importe que plus tard l'acquéreur ait eu connaissance des vices de son titre (art.

2269). C'est en effet à cet instant qu'il est devenu propriétaire. Alors naît et se prescrit l'action du *verus dominus.*

Enfin nous invoquerons l'art. 2267 Cod. civ., aux termes duquel : « le titre nul par défaut de forme ne peut servir de base à la prescription de dix et vingt ans. » Comment expliquer cette exigence si le législateur ne voulait pas que le prescrivant ait vraiment acquis, au début de sa possession, un droit ? Si le titre n'avait d'autre fonction que de justifier la bonne foi, c'est-à-dire la croyance qu'on a acquis *a domino*, on ne comprendrait pas l'art. 2267.

Il est vrai que cette prescription]extinctive suppose la possession. Mais cela s'explique ; on ne comprendrait même pas le contraire : il faut bien, en effet, pour que l'action du *verus dominus* s'éteigne, qu'elle ait eu occasion de s'exercer ; il faut qu'un tiers ait violé son droit, qu'une obligation soit née à la charge de celui-ci pour que droits et obligations viennent à disparaître un jour.

Cette discussion a un intérêt pratique. Elle nous permet de dire avec certitude que le titre nécessaire à la prescription doit remplir toutes les conditions nécessaires pour être acquisitif de droits (V. Aubry et Rau, t. 2, § 218, notamment note 24).

Ce caractère obligatoire, personnel du rapport entre propriétaire et possesseur que nous essayons de dégager du Code il est d'ailleurs textuellement proclamé par l'art. 1938, au sujet du dépôt : (1) « le dépositaire ne peut pas exiger de celui qui a fait le dépôt la preuve qu'il était propriétaire de la chose déposée. » Ainsi il suffit au revendiquant de prouver chez son adversaire l'existence d'une simple obligation contractuelle. Pourquoi la preuve d'une obligation délictuelle

---

1. Ce qui montre bien d'ailleurs que dans la revendication il s'agit d'apprécier un rapport c'est que l'aveu d'une partie fait triompher l'autre. Il ne peut cependant dépendre d'elles que le droit avoué ait un caractère absolu et soit opposable à tous.

n'aurait-elle pas même effet, sans qu'on soit tenu de démontrer qu'on a droit *erga omnes* ? On peut, il est vrai, ne voir dans notre texte qu'une application de l'art. 2279. Il n'y aurait donc là pour nous qu'un argument indirect. Mais il nous paraît bien plutôt que nous trouvons ici l'application d'un principe : celui qui est détenteur en vertu d'une cause qui l'oblige à restituer est tenu par cela seul de restituer ; et le créancier n'est pas exposé à la loi du concours, puisque son débiteur n'est pas propriétaire (V. sur cette question en droit romain Pernice, Labeo, t. 3, chap. 3, sect. 2).

§ VIII. — *Théorie de la preuve.*

79. — Notre argumentation est terminée. Caractère relatif, nature obligatoire de la revendication, voilà ce qui nous paraît ressortir de l'histoire, de la logique, de la loi.

Mais notre raison primitive, fondamentale, c'est la nécessité de notre théorie, qui en fait une partie indispensable de l'organisme juridique.

Cette théorie serait donc vaine et par conséquent injustifiée, s'il était vrai qu'on puisse obtenir les mêmes résultats sans toucher aux formules, aux adages que nous avons combattus (1).

On l'a prétendu. On a soutenu qu'il ne s'agissait pas ici d'une question de droit, mais simplement d'une question de preuve.

Et de cette idée sont sortis différents systèmes.

Tous admettent que l'on ne peut triompher dans la revendication que si l'on a acquis *a domino*. Mais ils ajoutent que pour faire cette preuve il suffit de présenter un titre antérieur à la possession de son adversaire. Pourquoi? C'est que le Code n'a pas déterminé comment le propriétaire devait

---

1. Bien entendu au point de vue pratique et seulement quant à notre question principale.

fournir sa justification. Etant donnée cette lacune que faire ?

Les uns s'en tiennent à la tradition de la Publicienne. Que pour le préteur romain, il s'agit d'une question de droit, soit ; mais sa fiction nous est parvenue à titre de moyen de preuve.

Les autres considèrent le titre comme une présomption simple.

D'autres enfin lui donnent la force d'une présomption légale.

80. — Toutes ces théories nous paraissent arbitraires. De plus, elles nous semblent toutes partir d'un mauvais point de vue.

Il n'est pas vrai que le Code n'a pas réglé la question de preuve en ce qui concerne le droit de propriété.

Tout d'abord, même en l'admettant, il reste le principe *actori incombit probatio*, dont personne ne conteste la validité. Il faut que le revendiquant prouve son droit, tout son droit. Or que doit-il prouver d'après ces doctrines ? un droit opposable à tous. Il n'y a qu'un moyen de le faire : démontrer la prescription (encore avons-nous vu qu'il n'en résulte pas une preuve complète). Ainsi on reconnaît implicitement que la prescription peut se prouver au moyen d'un simple titre. Cela est directement contraire à la loi. L'art. 2234 nous dit comment se fait la preuve de la possession nécessaire pour prescrire. « Le possesseur actuel, qui prouve avoir possédé anciennement, est présumé avoir possédé dans le temps intermédiaire, sauf la preuve contraire. » Ira-t-on soutenir qu'un titre même récent, réponde aux exigences de l'art. 2234 ?

En outre nous avons essayé de faire voir que le législateur n'avait pas à s'occuper spécialement de la preuve du droit de propriété.

Par là même, en effet, que la loi nous dit comment il s'acquiert, elle nous dit comment il se prouve. Il se prouve donc
par titre ou prescription. Nous verrons d'ailleurs que cette
pensée a été très nettement indiquée dans les travaux préparatoires. Ce que la loi ne dit pas, c'est comment se règle le
conflit entre deux droits qui n'émanent pas *ab eodem auctore*.
Et pour régler ce conflit, il n'y a pas à chercher quel droit
est le mieux prouvé — il n'existe de conflit que s'ils sont
prouvés tous deux — il y a à examiner lequel est acquis, est
légitime, par rapport à l'autre.

Critiquons maintenant en quelques mots chacun de ces
systèmes.

81. — I. *Théorie de la Publicienne.* — A celui qui se fonde
sur la Publicienne (1), nous répondrons avec Laurent qu'au
principe *actori incumbit probatio* il n'y a pas d'exception
dans les textes et que la fiction du préteur n'a pu implicitement passer dans nos lois. Ou le titre prouve le droit, et
alors il ne s'agit plus seulement d'une question de preuve,
ou il ne le prouve pas, et alors il y a violation des principes
et de l'article 1315.

82. — II. *Les présomptions de l'homme.* — La théorie
des présomptions de l'homme est, rappelons-le, en opposition directe avec l'art. 2234. Elle a en pratique ce défaut de
manquer de fixité, de laisser place à l'incertain.

Mais remarquons bien que cette théorie est parfaitement
admissible en partant de notre doctrine du droit relatif. Dans
le cas en effet où le revendiquant démontrera qu'il lui est
impossible de prouver son titre ou de montrer un titre antérieur à la possession de son adversaire, le juge pourra l'au-
toriser (art. 1363 et art. 1348, 1° et 4°) à la preuve par présomptions simples. Mais cela suppose précisément la possibilité de la preuve par un titre acquisitif (2).

1. Appleton, *op. cit.*, t. II, *in fine.*
2. Cette théorie est d'ailleurs contredite par les travaux préparatoires.

83. — III. *La présomption légale.* — Quant au système des présomptions légales, nous ne voyons pas l'argument qu'il invoque. Il recherche l'esprit de la loi et remarque que la propriété ne se prouve qu'au moyen de présomptions légales : la prescription acquisitive, la possession annale. Par là, dit-il, « le législateur n'a fait que mettre en œuvre partiellement une théorie générale et d'ensemble, dont il ne nous a fourni, selon un procédé qui lui est familier, que des applications particulières ». (Dobrand, *Essai sur la preuve de la propriété immobilière*, 1893). Ce raisonnement ne nous paraît pas solide. D'abord nous ne voyons pas que la propriété ne se prouve qu'au moyen de présomptions légales. Ensuite on ne peut créer par analogie de telles présomptions (art. 1350).

Nous disons que la prescription et la possession annale ne constituent pas des présomptions. Elles sont des modes légaux d'acquérir des droits. La loi décide qu'au bout de trente ou de dix à vingt ans, le possesseur a la revendication *erga omnes*, qu'après une année, il a les actions possessoires. Quelles que soient ces motifs, son texte crée un droit, il ne crée pas des moyens de preuve. Ces moyens ce sont ceux par lesquels on démontre soit la prescription, soit la possession annale elles-mêmes.

Cette théorie qui prétend raisonner par analogie est d'ailleurs en contradiction absolue avec le texte et l'esprit de la loi. Il est singulièrement hardi de reconnaître à un simple titre la force de prouver un droit *erga omnes* alors que le législateur exige une longue possession. Du reste si une présomption est attachée au titre, pourquoi l'abandonnerait-elle en présence d'une possession antérieure à ce titre ? Contre qui vaudrait-elle, contre qui serait-elle inopérante ? On n'en sait rien. C'est l'arbitraire.

Nous verrons qu'il y a été dit que le titre était une preuve et que cette preuve ne cédait qu'en présence de la prescription.

Il y a donc là une erreur, à notre avis, certaine, mais cette erreur est intéressante. Ce n'est pas la première fois qu'on tente un essai de ce genre. Chaque fois qu'on veut concilier les rigueurs de l'école et les exigences de la vie on jette un pont entre la théorie et la pratique, on les relie au moyen des présomptions.

§ VIII — *Les présomptions légales.*

Le vague de cette théorie est la cause d'un pareil abus. Qu'est-ce qu'une présomption légale ? (1) C'est, dit l'art. 1349 « une conséquence que le juge ou la loi tire d'un fait connu à un fait inconnu ». Mais la preuve proprement dite est-elle autre chose ? Il y a un fait connu : le fait probatoire. Il y a un fait inconnu : le fait à prouver.

On dit : le procédé logique qui intervient dans les deux cas est distinct. Pour la présomption méthode inductive, pour la preuve, déduction. Nous ne le croyons pas. Quand le législateur crée soit une preuve, soit une présomption, il emploie le procédé inductif. L'idée de vente par exemple, n'est pas nécessairement contenue dans celle de titre constatant une vente. La loi tient seulement pour naturel, parce que cela arrive d'habitude, qu'à un écrit ou à des témoignages, ou à certains faits constatant un acte, correspond en réalité un tel acte. Quant au juge, qu'il s'agisse de preuve ou de présomption légale, il procède toujours par déduction : il y a quittance, il y a remise du titre du créancier au débiteur ; or, la loi décide que cet acte prouve une libération ; donc la dette est éteinte. Pour les cas où le juge est libre — présomptions de l'homme et preuves par témoin, — il raisonne à la fois par induction et par déduction.

1. Cpr. sur cette question : Aron, *Présomptions légales.*

Peu importe d'ailleurs. Ce sont là questions de logique (1). Or, il s'agit pour le juriste de savoir si la classification a une valeur juridique, c'est-à-dire une importance pratique.

Sera-ce alors leur degré de certitude qui les distinguera? Mais nous ne voyons pas en quoi la présomption de l'art. 1282, par exemple, est moins fondée que la preuve qui résulte de l'art. 1332.

On dit encore qu'elle renverse le fardeau de la preuve. C'est une façon de parler ; elle le renverse en fournissant un moyen de preuve qui résulte d'un fait différent du fait à prouver, exactement comme les moyens de preuve ordinaires.

A notre avis, le seul *criterium* possible est le suivant : la présomption légale fait présumer, au sens vulgaire : elle est un mode de preuve dans lequel le rapport entre le fait qui prouve et le fait à prouver n'est pas logiquement nécessaire ; elle suppose donc la possibilité d'une preuve contraire. Et c'est là quelque chose qui lui est spécial. Une preuve par titre, ne l'admet point ; un écrit constatant une vente, s'il est conforme aux prescriptions légales, prouve la vente. On ne peut contester l'existence de celle-ci qu'en s'attaquant à l'acte lui-même, en contestant sa légalité ou sa sincérité. Au contraire, « la remise volontaire de la grosse du titre fait présumer la remise de la dette ou du paiement, sans préjudice de la preuve contraire. » Ainsi, sans s'attaquer au fait probatoire, sans nier

1. Pour la preuve, le raisonnement inductif n'a porté que sur le caractère sérieux du fait qui prouve ; dans la présomption, il a porté sur le lien qui existe entre ce fait et le fait à prouver. Une question de terminologie : on parle ici d'induction. Le terme ne nous paraît pas exact : une induction est imposée par des nécessités contingentes, par notre besoin de croire à quelque chose de général. Il s'agit simplement dans notre cas d'une généralisation plus ou moins arbitraire et utile du législateur.

qu'il y ait eu remise volontaire, on pourra démontrer qu'il n'y a pas libération. Il est vrai que dans certains cas la loi établit entre le fait qui fait présumer et le fait à présumer un rapport de nécessité. Il y a alors présomption sans preuve contraire. Mais comme ce rapport de nécessité n'est pas logique, la loi ne dit pas que la présomption se transforme en une preuve. Elle aurait pu le dire, car pratiquement, il y a alors identité entre l'une et l'autre. La présomption, en effet, a, dans ce cas, comme la preuve, une influence directe sur le fond du droit.

C'est pourquoi il paraît assez délicat de distinguer la présomption sans preuve contraire d'une décision de fond. Cependant le *criterium* est simple : dans la présomption, il y a deux faits, celui qui prouve, celui qu'elle prouve ; dans la règle de droit, il n'y en a qu'un. C'est ainsi que la prescription où le Code voit une présomption de propriété n'en est certainement pas une ; elle est un mode d'acquérir la propriété (art. 712). Et le moyen de reconnaître s'il y a deux faits ou s'il n'y a au contraire qu'un fait composé est le suivant : y a-t-il deux faits, l'un qui prouve, l'autre qu'on prouve, celui-ci est séparable de celui-là ; il peut exister alors que l'autre n'existe pas : ainsi, il peut y avoir libération par un mode quelconque sans remise du titre. Au contraire, les éléments qui forment un état de droit sont inséparables : ainsi la qualité d'enfant légitime suppose nécessairement la naissance dans les conditions déterminées par la loi : il n'y a donc pas une présomption légale, mais une disposition de fond dans la règle : *pater is est quem nuptiæ demontrant* (1).

Bien souvent, d'ailleurs, la doctrine et la jurisprudence

____

1. Nous verrons que la prescription est le seul mode d'acquérir qui permette de l'emporter sur un titre plus ancien que la possession. (N° 96).

traitent de présomptions légales des modes de preuve. C'est ce que fait M. Debrand, notamment, en notre matière. Dire que le titre est une présomption légale de propriété, c'est reconnaître qu'il la prouve, et que par conséquent l'acte constaté par ce titre la fait acquérir.

85. — Disons que cette erreur de M. Debrand, les auteurs du Code l'ont commise. Nous arrivons ainsi à l'argument que nous tirons, en faveur de notre doctrine, des travaux préparatoires. Il se trouve dans l'exposé des motifs de Bigot-Préameneu, sur le titre de la prescription, devant le Corps législatif, le 17 ventôse an XII : « Lorsque la loi protectrice de la propriété voit, d'une part, le possesseur qui paisiblement et publiquement a joui pendant un long temps de toutes les prérogatives qui sont attachées à ce droit et que, d'autre part, on invoque un titre de propriété resté sans aucun effet pendant le même temps, un doute s'élève à la fois, et contre le possesseur qui ne produit pas de titre, et contre celui qui représente un titre dont on ne saurait présumer qu'il n'est fait aucun usage s'il n'y ait pas été dérogé ou s'il n'ait pas consenti que le possesseur actuel lui succédât... La présomption favorable au possesseur s'accroît par le temps en raison de ce que la présomption qui naît du titre diminue » (1).

Ainsi, bien certainement, le titre fait preuve de la propriété et l'emporte sur la possession tant que celle-ci n'a pas mené à la prescription. Il est vrai que Bigot-Préameneu explique par une présomption la force du titre. Nous avons vu que cela ne se comprendrait que si un texte faisait

____

1. Donc, le titre, au moment même de sa création ferait simplement présumer le droit et cette présomption s'affaiblirait de plus en plus : présomption parce qu'il n'est pas certain qu'on a acquis *a domino*; présomption qui s'affaiblit parce qu'il n'est pas certain qu'on n'a pas aliéné.

du titre une présomption légale. Mais la réfutation de son idée se trouve dans le passage même que nous citons. En effet, il y est dit que la proscription, elle aussi, est une présomption de propriété. Or, comme nous l'avons vu, cela est certainement inexact. De même que, d'après l'art. 711, le titre est acquisitif de droit, de même, aux termes de l'art. 712, la proscription fait acquérir la propriété. Et on ne voit pas pourquoi le mot acquérir aurait un sens différent dans ces deux textes. Encore une fois, il s'agit seulement de savoir à qui est opposable cette acquisition.

§ 9. *Les actes déclaratifs.*

Nous arrivons à l'exposé de la doctrine.

86. — Elle est très simple : le titre prouve le droit à l'égard du simple possesseur, peu importe que ce titre soit acquis *a domino* ou *a non domino*. C'est une question que ce possesseur n'a pas qualité pour soulever. Il ne peut, en effet, invoquer contre le revendiquant que des droits qui lui appartiennent à lui-même.

Ce titre est celui de l'art. 711. Il fait acquérir un droit relatif à l'ayant-cause d'un *non dominus* dans les conditions où il donne un droit à peu près absolu à celui d'une personne qui a prescrit.

Nous pourrons donc être sobres de détails.

Nous nous demandons tout d'abord quelle sorte de titre est nécessaire.

Un titre simplement déclaratif de droits, partage, transactions, jugement suffit-il ?

87. — Soit d'abord le partage. L'art. 883 nous dit que « chaque cohéritier est censé avoir succédé seul et immédiatement à tous les effets compris dans son lot, ou à lui échus par licitation, et n'avoir jamais eu la propriété des autres effets de la succession. »

Si on considère que la transmission des biens est régie par des lois naturelles, indépendantes de la volonté individuelle, que les droits et les obligations de nos auteurs nous arrivent comme mécaniquement, il faut renoncer à comprendre l'art. 883 ; c'est une fiction. Et nous manquons d'un *criterium* qui nous permette de savoir sous quels rapports et à l'égard de quelles personnes le texte est applicable (1). Si, au contraire, on admet avec nous que les droits et les obligations que nous avons à la suite d'un acte qui nous fait acquérir sont le résultat d'une manifestation de notre arbitre, on explique simplement notre texte et on limite facilement sa portée. Nous recevons par un acte translatif de propriété les droits et les charges de notre auteur, parce que c'est là ce que nous avons voulu, ce que nous avons pu vouloir. Au contraire, par un partage, nous entendons, non point succéder à nos copartageants, mais réaliser notre droit indivis. Il est donc naturel que le législateur ne permette pas à ces derniers d'en diminuer la valeur. Ce n'est là qu'une application de la règle d'équité : *res inter alios acta...* Ces droits ne leur appartiennent pas ; à l'égard de leurs copartageants, ils n'ont que la faculté de partager actuellement la jouissance et plus tard de partager le droit lui-même et celle de disposer en commun de l'une et de l'autre. Aussi le copartageant ne succède pas aux autres, parce qu'il ne veut pas, parce qu'il peut ne pas vouloir leur succéder, parce que l'art. 883 refuse à ceux qui ont contracté avec un copropriétaire un droit acquis à l'encontre des autres.

1. A l'égard des ayant-cause du copartageant, la question reste pour nous, comme entre les copartageants eux-mêmes, une question de volonté et d'équité. Il s'agit toujours de savoir si, dans ses rapports avec les premiers, son droit indivis a été considéré comme un droit au partage ou comme un droit qui porte actuellement sur chaque parcelle de la masse (Cf. Aubry et Rau, t. 6, § 62 *bis*.

Il en serait autrement et l'acte aurait un caractère translatif si le copartageant voulait non point exclusivement faire préciser sa part (1), mais encore acquérir celle d'autrui. Le principe *res inter alios* lui-même s'opposerait alors à ce qu'il pût se libérer des charges pesant sur son auteur. Cela peut se présenter dans deux ordres d'hypothèses. Ce sera d'abord quand le législateur aura considéré l'indivision comme ne donnant pas seulement un droit au partage, mais comme conférant à chacun indirectement sur les biens à partager un droit actuel (V. loi du 10 juillet 1885, art. 17, pour les hypothèques sur navires). Ce sera ensuite quand l'un des copartageants a voulu non réaliser son droit, mais acquérir un bien comme aurait pu le faire un tiers étranger à l'indivision. C'est ce qui arrive quand l'un des copartageants cède gratuitement ses droits aux autres (V. Aubry et Rau, t. VI, § 625, note 3).

Mais dans toute autre hypothèse l'acte nous paraît avoir un caractère déclaratif, peu importe, à notre avis, que l'indivision cesse ou non entre tous les héritiers. Il suffit qu'ils soient allotis en vertu et comme conséquence de l'obligation de partager : ils deviennent alors en effet propriétaires en qualité de copartagés, ils prétendent tenir, non des copropriétaires, mais de leur auteur commun. S'il subsiste entre certains d'eux un droit indivis il en résulte simplement que l'obligation au partage n'a pas été complètement remplie. Mais le jour où elle s'effectuera, la cause de leur droit sera la même qu'auparavant. Pratiquement d'ailleurs on ne voit pas pourquoi deux des copartageants devraient supporter les charges dont les autres copropriétaires ont grevé le bien que ceux-là ont acheté en commun alors qu'elles disparaîtraient

___

1. Peu importe d'ailleurs qu'il soit ou non copropriétaire dès le début de l'indivision. S'il a acquis d'un autre le droit au partage, il n'en vient pas moins comme copartageant.

de ce bien si un seul s'en était rendu acquéreur (Cf. Sirey, 1875, I, 449, note Labbé).

Quoi qu'il en soit au reste de cette question il nous paraît certain qu'à l'égard d'un tiers possesseur, le partage, quelle que soit sa nature et de quelque façon qu'il se soit effectué, ne saurait servir comme titre de propriété. Le copropriétaire n'y acquiert pas un droit nouveau, il réalise un droit acquis. Quel est ce droit, voilà ce qu'il lui faut démontrer. La question a d'ailleurs pour nous peu d'intérêt. Si le revendiquant ne peut montrer un titre acqusitif on l'accusera facilement en effet de mauvaise foi. Sous une forme pratique ce n'est là en somme qu'une façon nouvelle de présenter notre argument théorique. On ne peut devenir propriétaire au moyen d'un partage que si l'on était déjà auparavant copropriétaire.

88. — Nous en dirons autant de la transaction. Celle-c tend non à réaliser, mais à consolider un droit. Une personne le conteste ; nous achetons la tranquillité. Nous ne nous créons de droit qu'à l'égard de la personne avec qui nous avons transigé. Est-ce la propriété ? On n'en sait rien. Nous l'affirmons, voilà tout. En tout cas, nous ne la tenons pas de notre cocontractant qui, d'après nous-même n'avait pas qualité pour nous la transmettre. Seulement remarquons qu'en fait la transaction équivaudra presque toujours à une vente, au profit de l'une des parties, du droit auquel l'autre prétend. Mais en soi elle n'est autre chose qu'un acte par lequel on renonce à contester un droit (Cf. Colmet de Santerre, t. 7, n° 281 *bis*, VII et sq).

§ 10. *La tierce-opposition.*

89. — Arrivons au jugement. Il est de principe que l'autorité de la chose jugée est relative. Elle est relative notamment en ce sens qu'elle a seulement effet entre les parties en cause. Par conséquent un jugement qui déclare une personne propriétaire n'oblige que son adversaire et les ayant cause de celui-ci.

Est-ce à dire qu'il ne puisse avoir aucun effet à l'égard des tiers ? On le soutient. M. Tissier surtout, dans son ouvrage sur la Tierce-Opposition, a très vivement défendu cette doctrine. Il la tient pour logique et pour juste.

Nous croyons au contraire avec la majorité de la doctrine et la jurisprudence que le jugement ne peut être considéré comme non avenu par un tiers quelconque.

Remarquons que si l'on accepte la doctrine défendue par M. Tissier il faut aller jusqu'à reconnaître qu'un jugement passé en force de chose jugée ne serait pas opposable même à un usurpateur dont la possession serait plus récente que l'arrêt de justice. Cela est grave(1): c'est laisser sans garantie sérieuse la propriété. Cela est de plus illogique pour ceux qui admettent avec nous qu'un simple titre triompherait de cette posession. Comment refuser à un jugement la force qu'on reconnaît à un contrat? Il est vrai que tout le monde n'admet pas notre solution. Mais tout le monde admet qu'un acte authentique ou sous seing-privé prouve à l'égard des tiers la convention qu'il renferme. Or la théorie de M. Tissier refuse au jugement lui-même ce pouvoir de preuve. Un arrêt déclare qu'en vertu d'un acte authentique Pierre est devenu acquéreur. Et on soutient que cet arrêt ne prouverait pas à l'égard des tiers ce que suffisait à démontrer cet acte authentique. Voici l'argument : « les titres ne font pas preuve contre les tiers des droits qu'ils mentionnent. Ils font foi des énonciations qui y sont contenues, mais non de l'existence des droits énoncés ». Or un acte constatant une obligation peut prouver cette obligation ; mais un jugement prouve seulement qu'il a jugé. C'est là en vérité prêter, à notre avis, une

1. C'est, d'ailleurs, contraire à l'art. 478, C. pr. (V. n° 90).

pensée contradictoire au législateur. Pourtant l'argument nous paraît sérieux.

N'est-il pas possible d'y répondre ? Voici ce que nous proposerions.

90. — *L'autorité de la chose jugée.* — La loi (art.1350 C.) déclare que la chose jugée constitue une présomption, autrement dit (art. 1352) qu'elle dispense de preuve. Or il semble naturel que si elle dispense de preuve ce soit à l'encontre des personnes auxquelles on aurait pu et auxquelles on aurait dû opposer une preuve. Par conséquent, si un jugement me déclare propriétaire en vertu de la prescription ou d'un titre, je dois pouvoir invoquer ce jugement contre tous ceux auxquels 'j'aurai pu opposer la prescription ou le titre. Il est vrai qu'aux termes de l'art. 1351 l'autorité de la chose jugée est relative. Mais n'oublions pas qu'il en est de même d'après les art. 1319 et 1322, de la foi attachée aux actes authentiques ou sous-seing privé. Or s'il est légitime de corriger les deux derniers textes et de dire que le Code y a confondu l'effet obligatoire des conventions et la force probante des titres n'est-il pas légitime et ne s'impose-t-il pas d'en conclure qu'il a fait la même confusion dans l'art. 1351 en ce qui concerne les jugements ? Cela est d'autant plus légitime qu'il y a *eadem ratio*. L'effet relatif des jugements s'explique en effet comme celui des contrats par le principe *res inter alios acta*, par le respect de la personnalité d'autrui. Mais ce qui s'expliquerait encore moins pour les jugements que pour les contrats ce serait d'étendre sans raison ce qui concerne le droit à ce qui regarde la preuve. Le Code, d'ailleurs, nous invite à cette rectification ; il considère dans l'art. 1350 l'autorité de la chose jugée en tant que dispensant de preuve, et dans l'art. 1351 en tant que faisant naître l'*exceptio rei judicatæ*. Cette confusion dans l'esprit du législateur est révélée par les travaux préparatoires du Code de procédure.

On trouve chez Locré (*Esprit du Code de pr. civ.*, t. II, p. 283 et sq.). « La question s'était posée de savoir si on admettrait à former tierce-opposition tous les tiers intéressés ou ceux-là seulement qui auraient dû être appelés. M. le ministre de la justice répond... que c'est une erreur de penser que le jugement intervenu dans une instance où l'acquéreur n'a pas été partie lui soit étranger. L'arrêt qui adjuge la propriété au demandeur le constitue propriétaire, non-seulement vis-à-vis du défendeur, mais absolument et vis-à-vis de tous, et ce droit de propriété subsiste tant que l'arrêt n'est pas détruit... M. X... dit que l'arrêt ne prononce qu'entre les personnes qui ont été parties dans l'instance, qu'ainsi ce n'est que vis-à-vis ce défendeur qu'il déclare le demandeur propriétaire. M. le ministre de la justice dit que ce système est contraire aux principes admis par tous les jurisconsultes ». Et la discussion est close ; l'un avait raison pour la preuve, l'autre pour l'autorité, et que sort-il de cette discussion ? L'art. 478 C. pr. « les jugements passés en force de chose jugée portant condamnation à délaisser la possession d'un héritage, seront exécutés contre les parties condamnées, nonobstant la tierce-opposition et sans y préjudicier ». C'est là la seule hypothèse expressément prévue de tierce opposition. C'est celle aussi dont on se souciait avant tout dans notre ancien droit (Ordonnance de 1566, art. 51. — Ordonnance de 1667, titre 26, art. 11).

Il est du reste impossible d'expliquer comment un jugement peut causer à des tiers un préjudice non-seulement de fait mais de « droit » (art. 474, C. pr.) s'il ne fait preuve à leur égard et si de plus cette preuve ne peut leur nuire. La tierce-opposition confirme donc et impose notre théorie.

91. — Quelle preuve fait donc le jugement ? Il prouve ce qu'aurait prouvé le titre sur lequel il s'appuie. Il est donc opposable à tout possesseur qui n'a pas un droit acquis par rapport à celui prouvé par jugement. Celui-là, nous l'avons-vu, ne peut invoquer l'adage : *res inter alios* (1)... Il faudra donc que celui contre lequel on agit, ou s'attaque au jugement lui-même, ou démontre qu'il a une possession ou une propriété préférables au droit reconnu en justice. Dans la première hypothèse il devra user de la tierce-opposition.

En résumé le jugement ne constitue pas à l'égard des tiers un titre. Mais il fournit la preuve d'un titre auquel il emprunte sa force.

Nous trouvons donc dans cette discussion un nouvel argument en faveur de notre doctrine générale. Car si telle est la force du jugement — et cela semble bien résulter et du Code de procédure et de ses travaux préparatoires — il est logique de croire que telle est aussi la force du titre en matière de propriété.

§ XI. *Résumé.*

92. — En résumé, sont titres : les actes translatifs ; font preuve : les jugements ; peuvent être invoqués comme présomptions simples : les partages et transactions.

Encore faut-il que les actes translatifs impliquent la volonté chez l'acquéreur de devenir propriétaire. Aussi excluons-nous de cette catégorie et ne considérons-nous pas comme titre les modes d'acquisition universelle. Ils supposent seulement la volonté de succéder à des droits tels quels et quels qu'ils soient. C'est à cause de cela que les héritiers et les légataires universels ou à titre universel ne peuvent invoquer leur propre titre et leur bonne foi à l'effet de prescrire plus

1. Le jugement prouve qu'il est sans droit. Il n'a donc pu lui en enlever. A lui de prouver soit la fausseté du jugement, soit l'existence à son profit d'un droit. Remarquons que dans ce dernier cas il ne fait pas une preuve contraire à la présomption de chose jugée. Celle-ci n'en reste pas moins *juris et de jure*. Il prouve simplement qu'au droit prouvé par jugement il peut opposer un droit préférable.

vite que n'aurait fait le *de cujus* et que par contre ils ne souffrent pas à ce point de vue de leur propre mauvaise foi.

Voilà pour le titre (1).

§ 12. *La bonne foi.*

93. — Un titre suffit-il ? Ne faut-il pas en outre la bonne foi ?

Il serait intéressant de suivre dans l'histoire cette question de bonne foi.

Sur cette recherche pleine d'hypothèses nous renvoyons aux études savantes (Voy. notamment en France Esmein, *Histoire de l'usucapion*). Il nous paraît en effet que cette étude nous est inutile au point de vue théorique.

Il semble cependant au premier abord que la question doive se poser sur le terrain de l'histoire. En effet, nous admettons qu'un titre acquisitif fait preuve suffisante. Va-t-il faire preuve au profit même du possesseur de mauvaise foi ? Aucun texte ne paraît permettre de dire le contraire et notre théorie protégerait ainsi la spoliation alors qu'elle prétend l'empêcher. Il est vrai que pour la prescription acquisitive décennale la bonne foi est exigée. Avons-nous le droit d'appliquer cette règle par analogie ?

Cela est dans la logique de notre doctrine qui invoque précisément la théorie de cette prescription et s'appuie sur son mécanisme. Nous pourrions dire que l'article 2265 implique l'exigence de la bonne foi chez celui qui se prétend propriétaire. L'argument nous paraît solide : car si la bonne foi est nécessaire pour cette prescription ce ne peut être, à

1. Il resterait à enregistrer les questions concernant les titres conditionnels ou nuls. Mais elles ne présentent pas pour nous d'intérêt pratique, il n'y a pas de jurisprudence. Les solutions sont d'ailleurs dans notre système identiques nécessairement à celles admises en matière de prescription. V. Aubry et Rau, t. 2, § 218, p. 380 et sq.

notre avis, que parce qu'elle est déjà nécessaire pour acquérir. Mais une démonstration directe tirée des principes nous
semble possible : ce n'est pas en effet acquérir la propriété
que faire un contrat avec une personne que l'on sait
n'être pas propriétaire. Si l'on a eu une intention honnête on
n'a pu vouloir obtenir que la possession : sinon on a désiré
appréhender le bien d'autrui. On n'a pas affirmé comme
l'exigent la tradition, le Code, les principes, la volonté de
succéder à la propriété de son auteur, de profiter de sa cession pour devenir soi-même propriétaire. Ainsi l'idée de
bonne foi est pour nous impliquée dans l'idée même du titre.
C'était bien là l'esprit de la Publicienne s'il est vrai que dans
la formule de l'édit il n'était question que de juste titre (G.
4, 36). C'était en tout cas l'idée de Gaïus lui-même qui dans
le paragraphe cité ne nous parle que de *justa causa* sans
faire allusion à la *bona fides* (1).

Peut-être objectera-t-on avec Savigny (*Système*, liv. 3,
p. 368 sq.) que la volonté juste de l'individu est la base soit

1. Il en était autrement dans le vieux droit romain où l'acte obligatoire et l'acte de transfert se confondaient. Alors il n'y avait pas de titre
possible d'usucapion, la bonne foi y était exigée d'une façon indépendante et d'ailleurs appréciée objectivement (absence de clandestinité, de
furtivité. V. Esmein, *loc. cit.* Cf., Pernice, Labeo, II, p. 156). Puis
vient l'idée Publicienne, mais elle ne mûrit pas subitement. Le préteur
n'accorde que successivement aux contrats la valeur de *justa causa*.
(V. Fitting, *Archiv. f. civ. Praxis*, t. 52). Il n'a pas encore l'idée générale du juste titre. Le titre n'est alors pour lui que le moyen de justifier
la bonne foi. Et cette bonne foi nous avons vu qu'il l'apprécie au début
d'une façon spéciale, qu'il l'exigea même chez l'acquéreur *a domino*. Remarque : l'édit de D. 6. 2. 1 pr. et de G. 4, 70, parle de « *traditio ex justa
causa* ». Celui de D. 6. 2. 7, § 11, parle de « *qui bona fide emit* ». Cela
éclaire l'évolution. Pour nous celui ci est le plus ancien. M. Appleton
prétend que *emit* est ici dans son sens originaire d'*accipere*. Mais M. Ermann répond que pour Valerius Flaccus cette signification était très
vieille (Cf. Festus, *abemito*, *emere*, *redemptores*). De plus, si *emit* a là ce
sens, il en est de même chez Gaïus 4, 36 : *emit et is ei traditus est*. Ainsi
l'édit aurait mentionné deux fois le transfert et aurait omis la *causa tra-
ditionis*. (Cf. Karlowa *Röm. Rechtsg.*, II, p. 388 et sp.)

de l'usucapion, soit de la Publicienne et que le titre sert seulement à justifier l'erreur sur laquelle repose la bonne foi. Cela pourrait paraître un argument, sinon contre notre doctrine, du moins contre notre analyse du titre.

On a répondu à Savigny (*Stitzing, bona fides*) en faisant valoir d'après les textes (G., 2, 55 ; Cic., de Harusp. resp., 7, etc.) le caractère d'utilité publique de l'usucapion et en montrant qu'elle n'est pas une faveur spéciale accordée à la bonne foi. Il n'en reste pas moins vrai que l'usucapion de l'époque classique comme la Publicienne supposait la bonne foi. On considérait qu'il n'y avait d'institution d'utilité publique que celle devant profiter uniquement à la bonne foi. Ainsi l'analyse de Savigny reste exacte : il est vrai que le juste titre est exigé parce qu'il justifie la bonne foi.

Mais cela n'est pas en contradiction avec notre analyse. Celle de Savigny est exacte au point de vue législatif ; ce qui est au premier plan pour la loi, c'est la bonne foi. Mais il en est autrement pour les tribunaux : ce qui les intéresse avant tout c'est le juste titre. La loi exige le titre pour justifier la bonne foi ; le juge exige la bonne foi sans laquelle il n'y a pas de titre.

94. — Sur qui le fardeau de la preuve ? Est-ce au demandeur à démontrer sa bonne foi ? Est-ce à l'adversaire à fournir la preuve de la mauvaise foi ? En d'autres termes pouvons-nous appliquer la présomption de l'art. 2268 (1) ? Nous le croyons, parce qu'il ne nous paraît pas y avoir là une présomption. Ce texte ne fait qu'appliquer les règles générales sur la preuve. Les actes, en effet, font foi de ce qu'ils ont pour but de prouver. Si donc un revendiquant présente un titre attestant qu'il a voulu acheter un immeuble, ou devenir propriétaire, il prouve en même temps son titre et sa bonne

1. Encore une fois nous pourrions nous appuyer directement sur ce texte.

foi. Ce n'est là qu'une conséquence de l'idée soutenue plus haut : il n'y a pas de titre acquisitif sans bonne foi (1).

La question a au reste peu d'importance. C'est avant tout une question de fait. On peut fournir de toutes façons la preuve contraire. Elle résultera notamment d'une possession récente *sine titulo* chez l'auteur du revendiquant. Ainsi donc pratiquement notre théorie ne sera d'une utilité certaine qu'à celui qui selon les vraisemblances a acquis du *verus domi-nus*. Cela la justifie encore davantage au point de vue de l'utilité et de la justice.

§ 18. — *La revendication.*

Nous avons à étudier maintenant la façon dont fonctionne notre action.

Il nous suffira de suivre la théorie traditionnelle.

Tout consiste pour le juge à examiner si le droit prétendu nuit ou non au droit invoqué par la partie adverse.

95. — Soit donc un demandeur qui produit un titre de propriété. Son adversaire n'en produit pas. Si la possession de celui-ci est plus récente que le titre, elle succombe. Le défendeur ne peut pas en effet invoquer un droit acquis. Le demandeur au contraire le peut. Par cela seul que nous avons acquis un droit, ce droit est opposable à tous, à moins que la loi n'en décide autrement et sous réserve du principe *res inter alios*. Mais précisément ce principe suppose, encore une fois, un droit acquis ; il défend à des tiers d'en disposer. Il en sera autrement si la possession est anté-

1. Voy. pour la même solution en droit romain Karlowa, Röm. Rechtsgesch, t. II, Usucapio, « la bonne foi n'est qu'une condition négative... les textes l'appellent un *vitiosum initium* ». L. 12, § 13 ; D., *pro emtore*, 41, 4; L., 48, § 2; D. de usurp. et usuc., 41, 3; L., 7, 34 D., *communia de usuc.*, 7, 30... « Un vice annule la force du titre, de sorte qu'il y a dans les textes des expressions d'après lesquelles qui achète de mauvaise foi une chose d'un non-propriétaire ne possède pas *pro emtore*, mais *pro possessore*. L., 33, § 1 ; D. de usurp., 41, 3 ; Vat., fr., § 1... »

rieure au titre. C'était là déjà, on l'a vu, la doctrine de nos anciens auteurs. Ce n'était pas la doctrine romaine. Là, en effet, la possession ne constituait pas un droit réel, elle ne donnait que des interdits, actions purement personnelles ; leur but était de réprimer un trouble, même au profit de celui qui possédait *vi, clam aut precario*, pourvu que sa possession ne fût pas vicieuse *ab adversario*. Aussi cette possession ne mettait-elle pas *in causa usucapiendi*. Cette différence entre la doctrine de nos anciens auteurs est celle des auteurs romains sur la publicienne permet d'apprécier avec évidence la transformation qui s'est produite dans la nature de la possession. Elle est vraiment devenue dans notre ancien droit une propriété. Seulement l'action qui la protége se prescrit plus vite que la revendication.

Nous appliquons ici les principes de la Publicienne, seulement les conditions respectives des deux parties ont changé par l'introduction de principes nouveaux. M. Appleton qui prétend pouvoir s'appuyer uniquement sur la tradition romaine nous semble se contredire en adoptant sur ce point notre solution. Il dit que le possesseur étant maintenant *in causa usucapiendi* peut invoquer une exception publicienne. C'est vrai logiquement. Mais le prêteur romain n'en avait pas décidé ainsi.

Donc la possession antérieure au titre triomphe. Toutefois il sera permis au demandeur d'invoquer les droits de celui dont il tient. Il le pouvait déjà à Rome, quand il y avait intérêt. Encore convient-il de remarquer qu'il n'avait jamais intérêt à cela en semblable circonstance.

On nous objectera qu'ici notre doctrine manque de logique. D'une part, nous prétendons que l'acquéreur tient ses droits de lui-même, d'autre part, nous admettons qu'il peut invoquer les droits de son auteur. Ajoutons qu'il est tenu, comme tout successeur, de subir les charges dont celui-là a grevé l'immeuble. Mais nous rappelons qu'il y a simplement ici une application du principe : *res inter alios acta*... En invoquant le titre de son auteur le revendiquant ne prétend pas démontrer qu'il a lui-même acquis les droits qui en résultent ; il n'a acquis que les droits résultant de son propre titre. Il prétend seulement démontrer que son adversaire n'a pas un droit acquis par rapport à lui, qu'il ne peut donc invoquer le principe *res inter alios*.

96. — Soit maintenant deux parties qui rapportent l'une et l'autre des titres de propriété.

Si ces titres émanent de la même personne, l'antériorité des transcriptions ou, selon les cas, des titres eux-mêmes, règle la préférence. C'est l'application pure et simple de l'adage (1). Remarquons que le conflit est tranché de façon différente en matière de meubles corporels. Article 1141 « si la chose qu'on s'est obligé de donner ou de livrer à deux personnes successivement, est purement mobilière, celle des deux qui en a été mise en possession réelle est préférée et en demeure propriétaire, encore que son titre soit postérieur en date, pourvu toutefois que la possession soit de bonne foi ». C'est qu'en effet il n'y a ici droit acquis en vertu de l'art. 2279 qu'au profit du possesseur de bonne foi. Il est impossible de comprendre notre texte pour qui invoque l'adage *nemo plus juris*. Il est forcé de se mettre en contradiction avec l'art. 711 : la propriété s'acquiert et se transmet par l'effet des obligations. Si elle a été transmise au premier comment a-t-elle pu l'être ensuite au second ? Nous disons qu'elle a été transmise aux deux, mais qu'en vertu de l'art. 2279 le second a un droit acquis. Il en est de même d'ailleurs dans toutes les hypothèses analogues, et notamment en ce qui concerne la transcription.

1. Comment la maxime *nemo plus juris* trancherait-elle le conflit ? Ils ont tous deux acquis par hypothèse d'une personne sans droit.

Supposons enfin que les titres émanent d'auteurs différents.

On sait qu'à Rome deux solutions contraires avaient été proposées. D'après Nératius (L. 31, § 2, *de art. empt.* XIV. 1) doit triompher, dans cette hypothèse comme dans la précédente, celui qui a été le premier *in causa usucapiendi* (1). Selon Julien et Ulpien (L. 9, § 4 *de Public.*), il n'y a aucune raison pour préférer le droit de l'un au droit de l'autre et il faut appliquer la maxime : *in pari causa melior est causa possidentis.*

Il est généralement admis que cette seconde doctrine l'avait emporté à Rome. (Voy. Accarias, t. II, nᵒ 820). En tout cas elle triomphait dans notre ancien droit. (Voy. notamment, Domat, *Legum delectus*, lib. 6, tit. 2).

Nous n'hésitons pas à l'admettre (2).

En effet, chacun des adversaires a prouvé son droit. Tous deux ont acquis. La question est de savoir lequel de ces droits nuit à l'autre, et c'est au demandeur à montrer que celui du possesseur est vain quant à lui par application du principe : *res inter alios acta.* Or, pour cela il lui faut prouver que le défendeur a traité avec une personne dont la possession était plus récente que le titre du revendiquant ou de son auteur. Nous sommes ainsi ramenés à notre première hypothèse. La simple comparaison des titres ne saurait trancher le conflit. Qu'importe l'antériorité ? Il s'agit d'actes d'acquisition par mode dérivé. Ces actes ne sont opposables qu'aux tiers, qui n'ont pas par eux ou leurs auteurs un droit acquis.

1. Savigny prétend qu'il s'agit ici de savoir qui de deux acquéreurs publiciens l'emporte contre un tiers possesseur. Il invoque en ce sens les mots : *is tuendus est* qui ne peuvent d'après lui se rapporter à une exception, mais seulement à un moyen de protection extraordinaire. On peut faire valoir en sens opposé D., 6, 2, 14, Ulp. ; D., 10, 2, 44, § 1, Paul ; D., 8, 5, 16, Jul. ; D., 41, 1, 41, Ulp. ; D., 20, 1, 18, Paul.

2. Elle est impliquée dans le passage du discours de Bigot-Préameneu rapporté au nᵒ 85.

Le principe *res inter alios* nous donne donc des moyens de solution fermes.

Il suffit de regarder les arguments de ceux qui sont partisans du système de la preuve pour voir qu'ils se ramènent à de pures affirmations. En partant de l'idée que la propriété est nécessairement un droit *erga omnes* il est impossible en effet de justifier qu'un droit acquis *a non domino* puisse triompher d'un titre ou d'une possession. On n'a dans ce système ni justification ni critérium. Il faut se débarrasser de l'adage : *nemo plus juris.*

97. — Soit en dernier lieu un demandeur qui ne produit pas de titre à l'appui de sa réclamation. Il invoque seulement des faits de possession, des présomptions tirées de l'état des lieux ou autres circonstances ne prouvant pas directement ou indirectement qu'il ait acquis. La jurisprudence admet qu'il peut triompher, dans la revendication, d'un adversaire qui n'a pas « une possession exclusive et bien caractérisée ». Nous abandonnons ici l'idée d'acquisition du droit au moyen du contrat. Mais reste celle de la propriété comme droit relatif, en d'autres termes comme droit pouvant donner naissance à une action qui ne serait pas opposable à tous. De quoi s'agit-il ici ? De savoir laquelle de ces deux parties a un droit préférable à l'autre. Le juge du pétitoire aura à examiner laquelle de ces deux possessions dont l'une est équivoque par rapport à l'autre remonte le plus loin. La possession une foi acquise est en effet un droit qui se conserve *animo solo*, en d'autres termes qui ne se perd qu'en présence d'une possession annale contraire. Il suffira donc à l'une des parties de prouver l'antériorité de sa possession pour donner un caractère usurpateur, illégitime à la possession par hypothèse équivoque de son adversaire, pour démontrer en un mot que par rapport à lui ce dernier ne possède pas. Il triomphera ainsi dans

la revendication, sans avoir montré de titre acquisitif (1), ou, si l'on veut, il prendra la situation de défendeur à la revendication. Quoi qu'il en soit de la formule sa possession le rend vainqueur au pétitoire. C'est donc bien un droit réel. Nous voyons le même phénomène se produire dans notre ancien droit. Et nous trouvons dans le Code civil une application frappante de cette idée. C'est dans l'article 1402 : « Tout immeuble est réputé acquêt de communauté, s'il n'est prouvé que l'un des époux en avait la propriété ou possession légale antérieurement au mariage, ou qu'il lui est échu depuis à titre de succession ou donation ». La possession des deux époux est équivoque : un titre ou une possession antérieure décide de quel côté se trouve le droit.

Il applique encore la même idée dans les articles 653 et suivants consacrés aux murs et fossés mitoyens. Il pose d'abord une présomption de propriété commune, sauf à chacun des voisins à fournir la preuve contraire en justifiant par « titre ou marque » d'une possession exclusive. La Cour de cassation (V. 11 août 1884, Sir., 86, 1, 106) n'exige pas un titre commun.

§ 14. — *Bornage.*

98. — C'est surtout à propos de l'action en bornage que se sont jugées les questions examinées ci-dessus concernant la lutte des titres et possessions. Et il est frappant qu'en cette matière les auteurs oublient les objections qu'ils ont coutume de faire à notre thèse. Le problème reste cependant identique : il s'agit toujours de savoir qui a le droit de posséder. Et les solutions admises par la jurisprudence sont les mêmes que pour la revendication : en présence d'une possession exclusive, nécessité d'un titre antérieur ; sinon des présomp-

1. Exposé des motifs de la loi relative à la prescription, par Bigot-Préameneu (17 vent. an XII) : « La possession est... une preuve de la propriété ».

tions de l'homme suffiront. Mais la nécessité ici a fait taire presque toute critique. Il faut que les champs soient bornés. Et s'ils ne pouvaient l'être qu'au moyen de titres communs ils ne le seraient pour ainsi dire jamais complétement. Alors? Alors le juriste s'incline.

Pas tout à fait cependant et M. Morin, dans un petit opuscule sur l'action en bornage élève contre cette jurisprudence de vives et d'amères critiques.

« Ce système, écrit-il, est en opposition manifeste avec ce principe de bon sens qui veut que les conventions n'aient d'effet qu'entre les parties contractantes... Armé de la loi, nous préférons la possession sans titres aux titres sans possession... Toute action contre une personne doit être basée sur un engagement pris par elle ou sur un fait de sa part donnant lieu à une obligation. Je puis dire à celui qui, à propos du bornage, veut m'enlever une partie de mon champ : « Je n'ai pas contracté avec vous, ni pris envers vous aucun engage. ment; vous n'articulez contre moi aucun fait dommageable... M'avez-vous donné votre champ à garder ? ». Puis, ailleurs, appréciant au point de vue moral ce système : « C'est faire de l'anarchie... Jacques a-t-il pu donner plus qu'il n'avait ? » Cela est pour notre auteur un *truisme*. Ailleurs : « des titres sans possession ne sont qu'une série de prétentions non justi- fiées, semblables à ces dénominations de rois de Chypre et de Jérusalem que se transmettent certaines dynasties... Si l'on venait à dire à l'un de nos adversaires que sa maison a été l'objet d'un contrat de vente passé devant notaire, sans son concours, entre gens qu'il ne connaît pas... il n'y atta- cherait pas plus d'importance qu'à l'acte par lequel un insensé vendrait le Louvre ou le Panthéon, etc., etc... »

Il faut au reste avouer que la plupart des auteurs qui trai- tent du bornage semblent vouloir donner prise aux critiques. Ils reconnaissent qu'ils apportent une exception à l'article

1165, aux principes. Et quels arguments invoquent-ils ? Presque toujours ils n'en apportent aucun. D'autres invoquent cette idée que l'action en bornage est double : Comme si, parce qu'il y a deux demandeurs, ce devait être une raison pour violer deux fois le principe : *actori incumbit...* Il fallait préciser davantage. Il y a deux demandeurs, cela est exact, mais pourquoi ? Parce que, par hypothèse, aucun des voisins n'a, sur la partie en litige, une possession bien caractérisée. Il faut donc avant tout déterminer, comme l'on pourra, au moyen de présomptions quelconques, qui possède. Le tort des auteurs est d'avoir voulu établir ici des systèmes : ils se demandent quels titres, quels moyens de preuve — cadastre, commune renommée, actes anciens ou récents, etc... — devront être préférés aux autres. Alors ils font des classifications ; chacun a la sienne. En vérité il n'y a pas de système possible. On peut seulement, et c'est fort louable, donner de bons conseils au juge de paix.

Il en fera ce qu'il voudra. Il s'agit pour lui d'apprécier des faits possessoires. Point de règle fixe à tracer, point de limites à imposer à son pouvoir d'appréciation.

Si maintenant la possession est établie, on pourra faire valoir un acte acquisitif antérieur. Y a-t-il alors action en bornage; est-ce une revendication ? L'examen de cette difficulté n'entre pas dans notre cadre.

Remarquons pour finir que des titres, même contemporains de la possession adverse, peuvent servir de présomptions simples à l'effet de justifier une propriété préférable lorsque le revendiquant aura démontré qu'il lui est impossible de se procurer une preuve littérale (art. 1348, 1° et 4° cbn. art. 1353). Voy. Riom, 18 janvier 1893; D., 93, 2, 128; Riom, 20 janv. 1891 ; D., 92, 2, 127.)

§ XIV. — *L'idée théorique.*

99. — Il resterait à conclure. Nous ne le faisons qu'avec hésitation et sous toutes réserves au point de vue théorique. Nous concluons fermement au point de vue pratique.

La thèse a pour point de départ des nécessités économiques : il faut qu'à chaque instant le droit de propriété puisse se manifester, pour qu'il soit utile, et par conséquent qu'il puisse se prouver. Or cette preuve est impossible quelquefois, souvent trop difficile dans le système des auteurs. C'est que ce système est faux. C'est qu'au lieu de tirer ses principes de l'institution même qu'il étudie, il les cherche en dehors d'elle, dans de prétendues formules de bon sens. C'est qu'il oublie que les faits (besoins, idées, croyances) sont les créateurs du droit. Cherchons donc le droit dans les faits : voyons comment le passé a fait la propriété d'aujourd'hui. Il a fait d'elle, sous l'empire des mêmes nécessités que maintenant un droit qui repose sur une croyance légitime et ne s'incline que devant un droit acquis (1).

Mais, pour mieux étudier cet organisme juridique, nous l'avons pris sous sa forme la plus rudimentaire. Nous n'avons examiné la propriété que lorsqu'elle se manifeste par l'action en revendication. Et encore cette action, nous ne la connaissons que quand elle lutte contre un titre ou une possession.

Nous ne pouvons donc dire quelle est d'une façon générale, dans notre législation, l'influence de la bonne foi sur la propriété immobilière. Il faudrait pour cela examiner dans l'histoire comment ce droit, à tous les points de vue, se com-

---

1. Rappelons que la nature de ce droit acquis s'est transformée peu à peu. C'était primitivement, quand l'action avait un caractère délictuel, l'antériorité des titres qui en décidait. Puis, grâce aux actions possessoires ce fut l'antériorité du titre sur la possession. Ainsi, par la possession, l'action en revendication a reçu un caractère plus net de réalité.

porte et chercher comment l'institution ainsi formée se combine avec les décisions du législateur de 1804. Ce serait la théorie des actes du propriétaire apparent.

Mais si nous ne pouvons affirmer ce qui est, nous pouvons dire en tout cas ce qui doit être.

Ce qui doit être, c'est que la propriété soit fondée sur la justice et par conséquent que toute acquisition de ce droit faite sans faute ne puisse engager la responsabilité de l'acquéreur et l'exposer à une perte quelconque. Il faut que les tiers qui n'ont pu connaître, soit l'absence de droit (1), soit les vices ou causes de résolution de droit chez celui avec qui ils ont traité ne souffrent pas de la négligence du véritable propriétaire. Le respect de l'individu aussi bien que le crédit social — son corollaire — l'exigent. En résumé, la responsabilité juridique doit être en raison inverse de la publicité.

Il faudrait plus. Pour que le droit de propriété rende tous les services dont il est susceptible, il faut franchement reconnaître son caractère social. Il faut exclure l'influence sur son sort de la responsabilité individuelle, lui donner dès sa naissance la sanction absolue de la loi. C'est l'idée qui a fait naître le système des livres fonciers et de l'act Torrens.

On s'est élevé contre ce système, sous prétexte qu'il était une application du socialisme d'État. Laissons les mots. Et qu'est-ce donc que la prescription, le seul mode créateur de la propriété d'après nos adversaires, le seul en tout cas qui crée une propriété à peu près absolue ? Si l'on parle de ce socialisme comme de quelque chose de nouveau, c'est qu'on oublie le lien qui existe à notre avis entre les modes individuels d'acquérir et notre prescription acquisitive. Ceux-là donnent naissance à un droit ; celle-ci éteint les droits anciens.

1. V. n° 56, p. 102 et note.

C'est exactement ce dernier rôle que remplit plus vite et mieux le système dit « de la foi publique » (1).

VU :

Le Président de la thèse,
MASSIGLI.

VU :

Le Doyen de la Faculté,
COLMET DE SANTERRE.

VU ET PERMIS D'IMPRIMER :
Le Vice-Recteur de l'Académie de Paris,
GRÉARD.

1. Nous renvoyons pour l'exposé de ce système qui, d'une façon générale, met à l'abri de toute éviction un droit acquis sous le contrôle et avec la garantie des autorités publiques au livre de M. Besson sur la réforme hypothécaire. Ce système ne fait que donner une réalité juridique à l'idée défendue dans cette thèse du caractère social de la propriété. Dans les sociétés qui ont eu conscience de ce caractère social — soit au point de vue économique, soit au point de vue politique (notamment les sociétés féodales) la propriété foncière a reçu, en général, une organisation analogue.

TABLE DES MATIÈRES

Chapitre III. — **Ancien droit.**

Chapitre IV. — **Doctrine.**

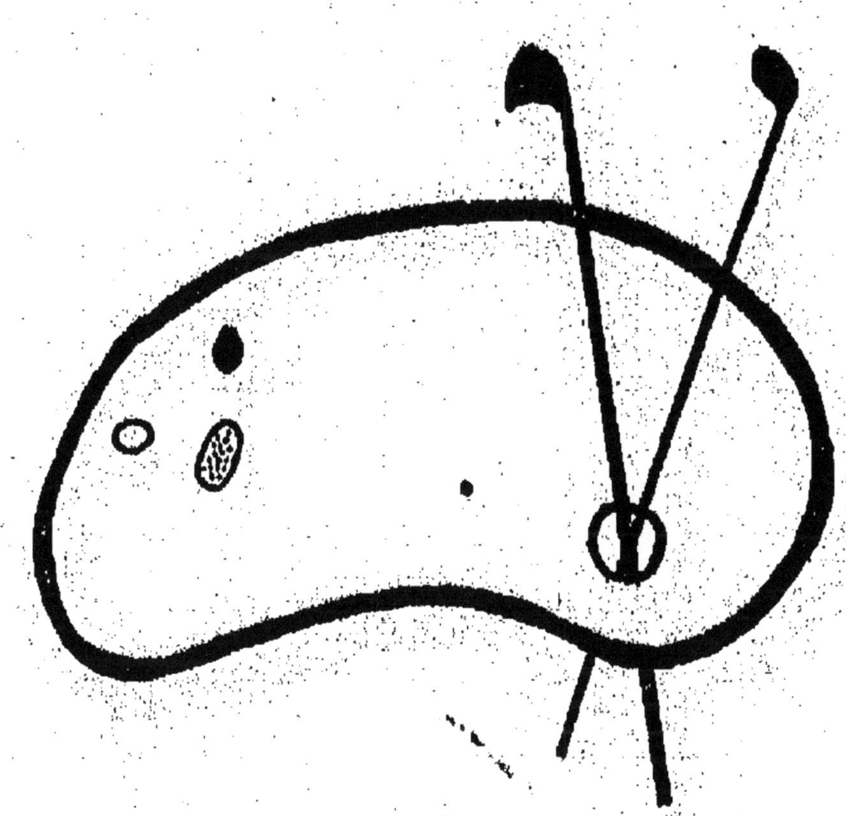